大韓帝國官報

第二卷（上）

1895년, 高宗 32년, 개국 504년

저 자 약 력

▌김 지 연

　고려대학교 일어일문학과 졸업
　한국외국어대학교 대학원 일본어과 문학석사
　고려대학교 대학원 일어일문학과 문학박사
　현 한국방송통신대학교 일본학과 전임대우 강의교수

　논문
　『대한제국 官報에 나타나는 일본한자어에 대하여』
　『大韓帝國官報에 나타나는 일본어 어휘와 그 수용실태에 대하여』
　『일본한자어의 수용과정으로 고찰한 大統領의 성립』 등

大韓帝國官報 第二卷 (上)
(1895년, 高宗 32년, 개국 504년)

초 판 인 쇄	2017년 04월 15일
초 판 발 행	2017년 04월 24일

편　　　　자	김 지 연
발 행 인	윤 석 현
발 행 처	제이앤씨
책 임 편 집	최 인 노
등 록 번 호	제7-220호

우 편 주 소	서울시 도봉구 우이천로 353 성주빌딩 3층
대 표 전 화	02) 992 / 3253
전　　　　송	02) 991 / 1285
홈 페 이 지	http://jncbms.co.kr
전 자 우 편	jncbookhanmail.net

ⓒ 김지연, 2017. Printed in KOREA

ISBN 979-11-5917-070-6　94060　　　　　　　　　　　　정가 15,000원
　　　979-11-5917-067-6　(세트)

大韓帝國官報

第二卷 (上)

1895년, 高宗 32년, 개국 504년

편자 김 지 연

제이앤씨
Publishing Company

大韓帝國官報 解題

• • • •

1. 官報

관보는 정부가 국가 관리와 국민에게 널리 알리고자 하는 사항을 편찬하여 간행하는 국가의 공공 기관지이다. 넓은 의미의 관보는 이러한 목적으로 국가 기관이 공식으로 발행하는 정기 간행물을 통틀어 말하는 것이나 좁은 의미로는 「官報」라는 제호로 발간되는 공식 기관지를 일컫는 것이다. 역사적으로 우리나라의 관보는 다음의 여섯 종류로 분류된다[1].

▌朝報: 1883년 이전

조선초 조정의 藝文春秋館의 사관이 조정의 결정 사항과 견문록 등을 기록하여 각 관청에 돌리던 것이 시초로, 세조 때에는 승정원에서 「朝報」라는 이름으로 불렀다. 그 내용은 국왕의 명령과 지시 사항과 유생들이 국왕에 올리는 상소문, 관리의 임명과 해임 등을 실어서 중앙과 지방 관서와 상류 사회에 배포하던 것으로 1894년 근대적인 관보 출현 전까지 유지되었다.

---

1 정진석(1982)「官報에 關한 硏究 (上)」『신문과방송』141, 한국언론재단, pp.111-112

▋근대 신문과 조보 공존: 1883-1888

한성순보는 1883년 발간된 한국 최초의 신문이자 관보적 성격을 가진 관영 신문이다. 1886년에 발간된 한성주보도 관에서 발간한 신문으로 그 성격에 있어서는 한성순보와 같았다. 발행처는 국가 기관인 博文館이었다. 종래의 朝報와 다른 점은 외국 사정 기사를 실었고 일반 뉴스 기사도 실었다는 점으로, 광고와 물가 정보까지 수록했다는 점이 특이하다. 1886년 1월 25일자 한성주보에 朝報를 참고로 하는 기사가 11건, 1886년 2월 15일자에 2건, 1886년 9월 1일 자에 1건의 기사가 게재된 것을 보면 한성순보가 발간되던 시대에 도 朝報가 있어서 朝報와 신문이 공존하였던 것으로 보인다.

▋대한제국 관보: 1894-1910

일본의 강요로 추진된 갑오경장 이후 발간된 것으로 1894년 6월 28일 경부터 발행되었으며 의정부 관보국의 주도로 발간되었다. 관보국은 政令과 헌법 各部의 모든 公判과 成案을 반포하는 것이 주요한 임무였으며 1895년 4월 1일부터는 관보 발행이 내각 기록국으로 이관되었다. 발행초기에 순한문체로 쓰여졌던 관보는 1년 뒤(1895) 12월 10일부터 국한문을 혼용하기 시작하였고 이틀 후인 12일과 13일, 그리고 그 이후부터 가끔 官報 전면에 한글만을 전용하여 기사를 작성하기도 하였다. 이와 같은 일은 관보발행사뿐만 아니라 공문서식에서 나타나는 초유의 일로 기록되며 정부가 발행하는 모든 간행물의 국한문혼용 및 한글 사용이 대한제국관보로부터 정착되는 중요한 의미를 갖는다. 1906년 통감부가 설치된 후 1907년부터 1910년까지 일제는 「公報」라는 것을 따로 발간하여 일본의 한국 통치와 관련된 사항(府令, 廳令, 訓令, 告示, 諭示 등)을 일본어로 발간하였다.

▌조선총독부 관보: 1910–1945

1910년 8월 29일부터 1945년 8월 15일까지 일본이 만 35년 동안 국권을 장악한 동안에 조선총독부가 발간한 관보이다. 문장은 모두 일본어로 작성되었는데 1910년 9월 한달간은 일본어 내용 뒤에 조선어 번역문을 달아 일본어를 이해하지 못하는 사람을 의식하였으나 그 후부터는 조선어 번역문을 점차 줄여나가 전문을 일본어로 발행하였다. 일제 35년간 발행된 관보의 총 호수는 10,450호이고 페이지수는 14만 5백 15페이지에 달한다.

▌미군정청관보: 1945–1948

1945년 9월부터 1948년 8월까지 한국을 통치하던 미군이 발행한 것으로(총 호수 미상) 국문, 영문, 일문 3 종류로 작성하여 발행하였다. 일본어판 관보는 1946년 2월 일본인들의 퇴거가 완전히 종결된 후까지 계속되었는데 이는 아직 한국에 남아있던 일본인을 배려한 이유 때문으로 보인다.

▌대한민국 관보: 1948년 정부수립 이후

대한민국 정부수립 후 1948년 9월 1일부터 오늘에 이르기까지 발간되고 있다. 대한민국 정부수립 후의 관보는 헌법을 비롯한 모든 법령의 공포수단으로서의 기능과 정부 공문서로서의 기능을 가지게 되었다. 처음에는 공보실·공보처·공보부가 발행하였으나, 1968년 7월 말부터 총무처 발행으로 되었으며, 1969년 2월 1일부터 체재를 바꾸어 ① 공무원은 반드시 읽어야 하며, ② 관보는 공문서로서의 효력을 가지며, ③ 비치용 관보는 5년 이상 보관하도록 규정하고, 발행자도 대한민국 정부로 격상시켰다. 제1호부터 1963년까지는 세로쓰기를 하였으나 1963년부터 가로쓰기로 바뀌어졌으며 1969년부터는 「官報」라는 제호도 한글 「관보」로 바뀌었다.

2. 大韓帝國官報의 내용과 구성

官報란 정부가 국민들에게 널리 알릴 사항을 편찬하여 간행하는 국가의 公告 機關紙를 말한다. 官報는 그 체제가 법규에 따라야 하므로 구성 체제의 변화가 거의 없으며 내용은 당시의 정치, 사회상 등 시대상을 반영하므로 公文書로서의 효력을 가지고 있다. 大韓帝國官報는 대한제국정부에서 1894년(고종31년 개국503년 甲午) 6월 21일부터 1910년(隆熙4년) 8월 29일에 이르기까지 16년 2개월여에 걸쳐서 발행하였다. 大韓帝國政府의 官報는 약 19,600면에 달하는 방대한 분량의 것인데 號數없이 발행된 1894년 6월 21일자부터 1895년(고종32년 개국504년) 3월 29일자까지가 1,100여면, 號數를 붙여 발행한 1895년 4월 1일자 제1호부터 1910년 8월 29일자 제4,768호까지가 18,400여면이다. 이를 각 연도별로 보면 다음과 같다.

〈표 1〉 大韓帝國官報의 발행과 분량

年度	年號	號數	面數
1894년	高宗 31년, 개국 503년 甲午	6월 21일-12월 30일 (號數없이 발행)	910面
1895년	高宗 32년, 개국 504년 乙未	1월 1일-3월 29일 (號數없이 발행)	266面
		제1호(4월 1일) 제213호(11월 15일)	1,165面
1896년	建陽元年 丙申	제214호(1월 4일) 제521호(12월 31일)	857面
1897년	建陽 2년, 光武元年 丁酉	제522호(1월 1일) 제834호(12월 31일)	836面
1898년	光武 2년 戊戌	제835호(1월 1일) 제1,146호(12월 31일)	919面
1899년	光武 3년 乙亥	제1,147호(1월 2일) 제1,458호(12월 30일)	1,066面
1900년	光武 4년 庚子	제1,459호(1월 1일) 제1,771호(12월 31일)	1,288面
1901년	光武 5년 辛丑	제1,772호(1월 1일) 제2,084호(12월 31일)	1,045面
1902년	光武 6년 任寅	제2,085호(1월 1일) 제2,397호(12월 31일)	1,191面
1903년	光武 7년 癸卯	제2,398호(1월 1일) 제2,710호(12월 31일)	1,057面
1904년	光武 8년 甲辰	제2,711호(1월 1일) 제3,024호(12월 31일)	1,207面
1905년	光武 9년 乙巳	제3,025호(1월 2일) 제3,337호(12월 30일)	1,332面
1906년	光武 10년 丙午	제3,338호(1월 1일) 제3,650호(12월 30일)	1,189面
1907년	光武 11년, 隆熙元年 丁未	제3,651호(1월 1일) 제3,961호(12월 28일)	1,255面
1908년	隆熙 2년 戊申	제3,962호(1월 4일) 제4,264호(12월 28일)	1,364面
1909년	隆熙 3년 乙酉	제4,265호(1월 4일) 제4,566호(12월 28일)	1,537面
1910년	隆熙 4년 庚戌	제4,567호(1월 4일) 제4,768호(8월 29일)	1,114面

본래 조선왕조에서는 그 초기부터 官報와 같은 朝報를 발행하여 承政院에서 처결한 詔勅章奏廟堂의 의결사항, 敍任, 辭令, 地方官의 狀啓 등을 보도하여 왔다. 그러므로 1894년 6월 25일 甲午更張의 추진기구인 軍國機務處가 설치된 지 수일 후에 창간된 것으로 짐작되는 대한제국정부의 純漢文體 整理字本 甲午 6월 21일자 이후의 관보는 그 연원을 朝報[2]에서 찾을 수 있으며 사실 그 시기의 官報는 朝報와 거의 비슷한 체재였다. 大韓帝國官報가 朝報의 체재로부터 근대적 관보체재로 개편된 것은 개국 504년 4월 1일자부터이다. 이 때부터 號數(제1호)와 요일을 표시하고 각 기사를 勅令, 閣令, 敍任, 宮廷錄事, 彙報등으로 분류하여 게재하였다. 이보다 좀 앞서서 개국 503년 12월 11일자부터는 國漢文을 혼용하기 시작하였고 개국 504년 6월 1일자 제77호부터는 신식 鉛活字로 인쇄하였다. 한편 紀年은 1894년 6월 21일자는 干支(甲午)를 동년 6월 29일자부터 1895년 11월 15일자 제213호까지는 開國紀年을 사용하고 있으며 1896년 1월 4일자 제214호부터는 양력으로 표기하는 동시에 建陽, 光武, 隆熙 등의 연호를 사용하고 있다. 大韓帝國官報는 정부의 官報局과 官報課에서 발행된 것이다. 創刊號로 짐작되는 甲午 6년 2일자부터 개국 504년 3월 29일자까지는 議政府官報局에서 개국 504년 4월 1일자(제1호)부터 隆熙 4년 8월 29일자(제4,768호)까지는 官報課에서 발행하였다. 官報課는 정부직제의 개편에 따라 內閣記錄局, 議政府總務局, 參書官室, 法制局 등에 소속되었다. 관보에 그 발행처를 內閣記錄局官報課, 內閣法制局官報課로 하고 있는 것은 이와 같은 大韓帝國政府職制 改編에 따른 것이다. 官報課에서는

---

2 최정태(1993) 총무처정부기록보존소 記錄保存6「국가기록정책과 관보」

매일 오후 1시까지 각 관청에서 보내온 기사를 마감 정리하여 다음
날 官報에 게재하였는데 공휴일에는 발행하지 않았다. 그러나 긴급
을 요하는 기사는 마감시간이나 공휴일에도 불구하고 號外를 발행
하여 게재하였으며 기사가 폭주하여 일시에 게재하지 못할 경우에
는 緩急을 가리어 게재하기도 하고 장편기사는 부록을 발행하거나
數號에 나누어 게재하기도 하였다. 官報에 게재하는 사항은 다음과
같다.

〈표 2〉官報에 게재하는 사항

1	召勅
2	法律
3	勅令
4	閣令
5	部令
6	布達[3]
7	訓令
8	警務廳·漢城府令 및 告示
9	予算
10	敍任 및 辭令
11	宮廷錄寫(動駕, 動輿, 祭典, 王族事項)
12	彙報-宮廳事項(赴任, 着任-경찰사항), 水災, 火災, (衛生救助), 軍事(행군연습, 병정포상, 軍監發着), 學事(학교, 도서관), 産業(사회, 면허, 박람회, 공진회), 포상사항, 司法(特赦, 사형집행), 雜事(氣像, 測候, 선박난파)
13	外報(공사관, 영사관보고, 외국중요사항)
14	광고(諸관청광고, 役事都給, 買受品광고, 학교생도모집광고, 郵便船출발표, 관보정가표)

---

3 궁내부에서 발하는 命令

隆熙元年 12월 12일자 제3,947호에 보이는 閣令 제1호 관보편제
에 관한 건에 의하면

1) 국가 또는 帝室에 관한 것으로 國務大臣이나 궁내부대신이
   副署한 詔勅
2) 협약, 협정, 약속
3) 예산 및 예비금 지출
4) 법률
5) 勅令 또는 宮內府布達
6) 閣令
7) 部令 또는 궁내부령
8) 訓令
9) 告示
10) 敍任과 외국훈장, 紀章의 수령, 패용허가를 포함하는 辭令
11) 행사, 行啓, 謁見, 陪食, 賜宴, 포상, 救恤, 祭紀, 皇族의 動靜,
    기타 宮廷의 記事를 포함하는 宮廷錄寫
12) 관청사항(청사의 개폐, 이전, 官吏의 발착, 改名, 사망), 사법,
    경찰, 감옥, 學事, 산업, 재정, 교통, 위생, 地方行政雜事 등을
    분류하여 수록한 彙報
13) 觀象
14) 광고

등을 수록하게 되었다. 그 후 대한제국정부직제의 개정에 따라 隆
熙 2년 3월 30일부터 警視廳令 漢城府令을 동년 12월 26일부터는
道令을 게재하였다. 한편 光武 10년 9월 12일부터는 統監府令류가

게재되었으며 隆熙 2년 8월 21일부터 統監府로부터 위탁받은 사항을 게재하기도 하였다. 이상의 게재사항으로 알 수 있듯이 대한제국관보는 1894년 6월 21일부터 1910년 8월 29일까지의 大韓帝國政府의 法令類는 물론 정치, 행정, 인사, 군사, 외교, 學事, 사법, 경찰, 산업, 재정, 교통, 위생, 기상, 外報 등 각 분야를 골고루 수록하고 있어서 당시의 정치, 경제, 사회, 문화를 연구하는 데 있어 꼭 필요한 자료라 할 수 있다. 특히, 1894년 6월부터 1895년까지의 기사는 甲午更張을 연구하는데 있어서, 1896년부터 1904년까지의 기사는 光武改革을 연구하는데 있어서, 1905년부터 1910년까지의 기사는 軍國主義 일본의 韓國侵奪과 민족의 항쟁을 연구하는데 있어 귀중한 자료이다.[4] 우리나라 최초의 근대적 관보인 大韓帝國官報는 高宗 31년 6월 25일(1894.7.27) 김홍집 內閣에 軍國機務處가 설치되고 甲午更張이 시작되는 시기에 1894년 6월 25일에 議政府官報局에서 발행하였다. '官報'라는 명칭을 처음 사용하고 처음 얼마간은 부정기적으로 발행하였으나 이듬해부터는 號數와 발행일을 표시하여 매일 발행하였으며 수록내용도 법규로 규정하여 관청의 공식 전달 사항만 게재하였다. 관보발행의 배경을 보면 甲午更張에 의하여 모든 정치와 행정의 구심점이 왕실에서 內閣으로 옮겨짐에 따라 承政院이 궁내부에 부속되고 명칭도 承宣院으로 바뀌었다. 따라서 議政府에 官報局을 설치하여 새로운 체제로 관보를 발행하였으며 이에 따라 朝報의 발행은 중지되었다. 이것은 王政이 후퇴하고 내각정치가 이루어진 제도개혁의 영향 때문으로 볼 수 있다.[5] 發行初期부터 純漢文體로 쓰여졌던 관보는 1년 뒤(1895) 12월 10일부터 國漢文을

---

4 아세아문화사 편집실(1973) 舊韓國官報
5 최정태(1993) 총무처정부기록보존소 記錄保存6 「국가기록정책과 관보」

혼용하기 시작하였고 이틀 후인 12일과 13일, 그리고 그 이후부터 가끔 관보 전면에 한글만을 전용하여 기사를 작성하기도 하였다. 이와 같은 일은 官報發行史뿐만 아니라 公文書式에서 나타나는 초유의 일로 기록되며 정부가 발행하는 모든 간행물의 國漢文混用 및 한글사용이 大韓帝國官報로부터 정착되는 중요한 의미를 갖는다.

3. 大韓帝國官報의 언어 자료로서의 자료성

대한제국 관보는 1894년 6월 21일부터 1910년 8월 29일까지 약 16년 2개월 동안 정부가 발행한 문서로서 여러 가지 자료적 가치를 가진다. 관보에는 이들 기간 동안 작성된 법령류가 거의 모두 수록되어 있고 매일 매일 당시 한국의 정치, 행정, 인사, 군사, 외교, 교육, 사법, 경찰, 산업, 재정, 교통, 위생, 기상, 외국 사정 등이 골고루 수록되어 있어 당시의 정치, 경제, 사회, 문화를 연구하는데 있어 꼭 필요한 자료라고 할 수 있다. 大韓帝國官報의 언어 자료로서의 중요성은 여러 가지가 있으나 우선 들을 수 있는 것은 大韓帝國官報가 근대 한글 문체 성립을 연구하는데 중요한 자료라는 것이다. 주지하는 바와 같이 大韓帝國官報이전의 공문서는 모두가 한문체였으나 大韓帝國官報에서 국한문체를 사용하게 됨으로써 관보는 국한문체를 확립 정착시키는데 기여하였다는 점이다. 공용문의 한글 문장화 결정에 대해서는 고종실록 32권 36책(1894년 11월 21일자)에 보이며[6] 이에 대한 실록의 기사는 아래와 같다.

6　조선왕조실록 공식 홈페이지실록 공식 홈페이지에 의함.
http://sillok.history.go.kr/main/main.jsp

勅令第一號: 朕裁可公文式制, 使之頒布, 從前公文頒布例規, 自本日廢止, 承宣 院、公事廳, 竝罷之。第二號: 朕當御正殿視事, 惟爾臣工勖哉。條例由議政府議 定 以入。第三號: 朕以冬至日, 率百官當詣太廟, 誓告我獨立釐正事由, 次日當 詣太社。
(중략)

公文式: 第一。公文式: 第一條: 法律、勅令, 以上諭公布之。第二條: 法律、勅令, 自議政府起草, 又或各衙門大臣具案提出于議政府, 經政府會議擬定後, 自 總理大臣上奏而請聖裁(중략)第十四條: 法律、勅令, 總以國文爲本, 漢文附譯, 或混用國漢文。第二 布告: 第十五條: 凡係法律、勅令, 以官報布告之。其施行 期限, 依各法律、命令之所定。 (이하생략)

위에서 본 바와 같이 관보는 처음에는 순한문체로 작성되다가 위의 1894년 11월 21일자 칙령에 의하여 한글로 작성하는 것을 원칙으로 한 것이다. 이 칙령에 따라 국한문으로 작성된 기사는 다음의 1894년 12월 10일자 기사부터이다.

官報 開國五百三年十二月初十日
(중략)
私罪收贖追奪告身三等功減一等南原前府使尹秉觀受由歸家軍器見失難逭當勘以 此照律事 允下矣謹據律文杖一百公罪收贖奉 旨依允又奏凡係大小罪犯中如賊 盜??干犯詐僞等罪之從前以笞杖徒流擬斷者皆以懲役分等科治恐合時宜而條例細則謹當鱗 次奏聞奉 旨依允0答外務協辦李完用疏曰省疏具 悉膠守常制不念時艱 屢疏籲懇臣分不當如是卽爲肅 命完伯電報

本月初九日全琫準生擒押上

十一日

都憲朴容大上疏大槩職旣虛?病又難强敢陳披?之懇冀蒙遞改之 恩事

勅令 朕裁可巡檢徵罰例使之施行(總理大臣內務大臣 法務大臣奉 勅)

巡檢의徵罰ᄒᆞᄂᆞᆫ例

第一條巡檢職務上의遇失은警務使가徵罰ᄒᆞᄂᆞᆫ法을行ᄒᆞ미라

第二條徵罰ᄒᆞᄂᆞᆫ法을 分別ᄒᆞ야四種으로 區定ᄒᆞ미라

一譴責

二罰金

三降級

四免職

第三條譴責은 警務使가譴責書를 付與ᄒᆞ며罰金은少ᄒᆞ야도月俸百分의一에셔不　減ᄒᆞ고多ᄒᆞ야도一月俸에셔不加ᄒᆞ金額으로其等을分ᄒᆞ며降級은一級에一　元俸을減ᄒᆞ므로定ᄒᆞ며免職은二年間을經過아니ᄒᆞ卽다시收用ᄒᆞ지못ᄒᆞ미 라

第四條左의諸件을犯ᄒᆞ者ᄂᆞᆫ免職ᄒᆞ며其罪狀이重大ᄒᆞ야刑律을犯ᄒᆞᄂᆞᆫ者ᄂᆞᆫ刑罰을 施ᄒᆞ미라

一職務上에關係ᄒᆞ야私ᄉᆞ로히他人의贈遺를受ᄒᆞᄂᆞᆫ者

二上官의命令을奉行아니ᄒᆞ고他人의指使를受ᄒᆞᄂᆞᆫ者

三職務에係關ᄒᆞ야私ᄉᆞ로히他人의請托을受ᄒᆞᄂᆞᆫ者

다음 기사는 한문 기사와 국한문이 혼용된 기사가 같은 날에 나온 예로서 관보 기사가 한문에서 국한문으로 넘어가는 형태이다. 1894년 12월 12일 기사는 동일한 내용을 순한문과 국한문혼용문, 순한글문 등 세 가지로 작성하였다.

<한문기사>

大君主 展謁 宗廟誓告文

維開國五百三年十二月十二日敢昭告于

皇祖列聖之靈惟朕小子粤自中年嗣守我

祖宗丕不基屹今三十有一載惟敬畏于天亦惟我

祖宗時式時依屢遭多難不荒墜厥緖朕小子其敢曰克享天心寔由我

祖宗眷顧騭佑惟皇我

祖肇造我王家啓我後人歷有五百三年逮朕之世時運

丕變人文開暢友邦謀忠廷議協同惟自主獨立迺厥

鞏固我國家朕小子曷敢不奉若天時以保我

祖宗遺業曷敢不奮發淬勵以增光我前人烈繼時自今(이하 생략)

<한글번역문>

대군쥬게셔 죵묘에견알ᄒ시고밍셔ᄒ야고ᄒ신글월

유긔국오ᄇᆞᆨ삼년십이월십이일에밝히

황됴렬셩의신령에고ᄒ노니졈소ᄌᆞ가

됴죵의큰긔업을니어직흰지셜흔한희에오작하늘을

공경ᄒ고두려ᄒ며쏘한오쟉우리

됴죵을이법바드며이의지ᄒ야쟈죠큰어려움을당ᄒ

나그긔업은거칠게바리지아니ᄒ니짐소ᄌᆞ가그감

히즐ㅇ듸능히하늘마음에누림이라ᄒ리오진실로
우리됴종이도라보시고도으심을말미음이니오쟉크오신
(이하 생략)

\<국한문혼용문\>
大君主게셔 宗廟에 展謁ᄒ시고誓告ᄒ신文
維開國五百三年十二月十二日에敢히
皇祖列聖의靈에昭告ᄒ노니朕小子가이에冲年으로
붓터我 祖宗의丕丕흔基를嗣守ᄒ야惟天을敬畏ᄒ
며亦惟我 祖宗을時式ᄒ며時依ᄒ야多難을屢遭ᄒ
나厥緒를荒墜치아니ᄒ니朕小子가其敢히曰ᄒ듸天
心에克享ᄒ다ᄒ리오惟皇ᄒ신我祖게셔我王家를肇
造ᄒᄉ我後人을啓ᄒᄉ歷ᄒ야五百三年이有ᄒ더니
朕의世에逮ᄒ야時運이丕變ᄒ고人文이開暢ᄒ지라
友邦이忠을謀ᄒ고廷議가協同ᄒ니惟自主獨立이迺
厥我國家를鞏固케흘지라朕小子가엇지敢히天時를
(이하생략)

　이 기사로 대한제국관보는 한문 문장에서 국한문체가 어떠한 방
법으로 이행되었는지를 연구하는 데 매우 중요한 자료라고 볼 수
있다. 또한 언어 자료로서의 중요성은 근대 한국어 어휘 자료의 보
고라는 점이다. 관보는 앞에서도 언급하였지만 근대 한국의 정치
경제 학술 법률 교육 문화 각종 제도 등 다양한 내용이 기재되어 있
으므로 그에 수록된 어휘도 매우 다양하다. 이들 어휘 중에는 이미
한국어에 존재해 있던 것이 있는가 하면 「國旗」나 「官報」, 「科學」,

「哲學」,「社會」,「郵便」,「保險」 등과 같이 종래의 한국어에 존재하지도 않았고 당시 사람들이 이해하기 어려운 사물이나 개념도 다수였다. 이것은 관보 작성자들 중에는 일본 유학생 출신이 많은 수를 차지하여 각종 법률이나 규정을 일본 것을 참고하거나 모방하게 되었을 것이다.[7] 또한 관보의 발행에는 일본인 고문의 지도 감독을 받았다는 점도 일본 용어 유입의 중요한 요소이다. 갑오개혁을 실천하는 데는 일본 측과의 특약으로 전 분야에 일본인 고문관의 지도 감독을 받도록 되어 있었고 이에 따라 47명의 일본인 고문관이 초빙되어 각 부서에 배치되었던 것이다[8]. 관보 작성을 위하여 초빙된 일본인 고문은 恒屋盛服과 加藤武 두 사람이었는데[9] 이들은 대한제국 내각의 관보국에 소속되어 관보의 발행에 깊숙이 관여하였다. 이들이 모델로 삼은 관보의 형태와 구성 등은 일본의 관보이다. 일본은 이미 1883년부터 관보를 발행하고 있어서 대한제국 관보를 발행하는데 참고가 되었을 것이다.『한말근대법령자료집 I』(국회도서관, 1971)에 의하면 당시 초빙된 일본인 고문관의 역할을 다음과 같이 규정하고 있어 관보에 관여한 일본인 고문관이 어떠한 역할을 했는지 짐작할 수 있다.

　　　五十三 內閣 各部 其他 各廳에셔 閣令 部令 廳令 訓令 등을 發ᄒᆞ며 指 令을 下ᄒᆞᆯ 時ᄂᆞᆫ 其辨理案을 協辦(內閣에셔ᄂᆞᆫ 其廳長官)에 提出ᄒᆞ기 前에 반 다시 各其 顧問官의 査閱을 供 ᄒᆞᆯ 事
　　　五十四 前項外에 內閣 各部 其他各廳에셔 接受 發送ᄒᆞᄂᆞᆫ 公

7　관보의 기사와 형식에 대해서는 최정태(1992)『한국의 관보』아세아문화사등을 참조할 것
8　왕종현(2003)『한국근대국가의 형성과 갑오개혁』역사비평사, pp.186-193에 의함
9　왕종현(2003) 의 앞에 책 pp.190에 의함

文書類는 一 切 各其 顧問官의 查閱을 供 홀 事

위의 규정에 의하면 관보 작성과 발행에는 일본인 고문관이 전 문서를 사전에 읽고 의견을 표명했을 것으로 생각되며 이러한 과정에서 각종 용어와 새로운 어휘가 일본어에서 도입되었을 것으로 생각하고 있다.

갑오개혁기 행정부서의 전면적인 개혁에 따라 '고문관'이라는 공식 직책이 신설되어 각 부서에 고문관과 보좌관이 배치되었고, 고문관 고빙과 권한에 대한 각종 법령들이 선포되었던 때였다. 갑오 이전까지 조선 관료제도에 편입되어 조선 정부의 관리로 직책을 받고 업무를 수행했던 고문관들은, 정부의 외국인 고문관들을 정규 관리로 임명하지 않는다는 내규에 따라,[10] '고문관'이라는 한시적 직책을 부여받고 각 부서에서 일을 맡게 되었다. 이리하여 고문관은 정부의 관료제라는 틀 밖에서 대신 및 정부 각 부의 장(長)들을 보좌하는 한시적 외국인 관리로 규정되었고 각각의 고문관들은 개별 고빙 계약서를 통해 자신의 직책이나 직무, 권한 등을 부여받았다. 이러한 일련의 변화들은 개혁정국에 고문관들의 지식과 기술을 본격 활용한다는 목적에 기인한 것이 아니었다. 그보다 일본의 조선 보호국화라는 목표하에 조선의 권력 · 통치기구를 일본의 식민지정책을 수행하는 데 용이하게 재편하려는 목적으로 일본인 고문관들을 대거 배치시키려던 의도에서 기인하였다.

일본은 1894년 7월 경복궁을 점령한 후, 다음과 같이 정부 각 부서에 외국인 고문관을 배치할 수 있는 의안을 통과시켰다. 그 후 조

---

10 『주한일본공사관기록』 권4(140) '강본류지조의 군무협판 추천과 관련한 사정보고', 1894. 9. 17(이하 『공사관기록』으로 칭함)

선 측이 이를 시행하지 않자, 수차례에 걸쳐 이를 시행할 것을 요청하고, 구체적인 초청인원 수를 정하여 고용하도록 요구했다. 여기서의 외국인 고문관은 일본인 고문관을 의미했다.

> <1894년도 各府·衙門에 外國人 顧問을 두는 議案>
> 一. 各府·衙門에 각각 外國雇員 1人을 두어 顧問케 한다.[11]
> 一. 各府·衙門의 事務는 모두 새로운 것이어서 외국인 고문의 자문을 받아야 하므로 고용을 늦출 수 없으니 속히 外務衙門에 命하여 각기 초빙할 것.[12]
> 一. 各府·衙門에서 고용하는 사람의 數를 卽日로 議定하여 外務衙門으로 하여금 6月 초 6日 啓下 議案에 의하여 초청토록 할 것.[13]

이상과 같은 영에 따라 일본은 각부·아문에 고문관과 보좌관을 배치할 수 있는 법적 근거를 마련하였다.

고문관 고빙절차도 변화하였다. 갑오 이전 교섭아문에서 고문관의 이력서를 검토하여 고문관을 선정한 후 고종의 재가를 거치게 되는 절차가, 갑오기에는 해당 아문 대신과 협판이 관리하여 총리대신의 인가를 받아 시행하는 것으로 바뀌었다. 1895년에는 각부대신과 외부대신이 선정하여 내각의 인가를 받는 것으로 개정되었다.[14] 이는 일본이 총리와 내각을 통해 일본인 고문관을 자유롭게

---

11 송병기 편, 1970 『한말근대법령자료집』, 국회도서관(이하 『법령자료집』으로 칭함) 議案 '各府·衙門에 외국인고문을 두는 件', 1894. 7. 15
12 서울대 도서관 편, 1991 『議案·勅令』上, 「議案」 8월 8일, 53쪽
13 서울대 도서관 편, 1991 『議案·勅令』上, 「議案」 8월 22일, 57쪽
14 『고종실록』 권31, 8월 28일 ; 서울대 규장각 편, 『奏本·議奏』1, 1895. 5. 29, 562쪽

임용하려는 의도에서 비롯된 것으로 보인다.

　　　　<1894년 · 1895년도 고문관의 고빙절차>
　　　　고문관 추천 → 主務대신 선정 → 總理認准 (1894년)
　　　　고문관 추천 → 主務대신 선정 → 外部대신 동의
　　　　　→ 內閣認准 (1895년)

　　　　<1896년도 고문관의 고빙절차>
　　　　고문관 추천 → 主務대신 선정 → 외부대신 동의
　　　　　→ 의정부 회의 認准 → 고종의 재가

　또한 일본은 조선 정부에서 고문관 선빙과 여비 · 봉급을 작정하는 것을 위임받아[15] 자국 정부 관리들을 조선 고문관으로 파견할 수 있게 되었다. 조선에 파견된 일본인 고문관들은 일본 정부 관리로서, 대장성에서 지급하는 여행경비와 봉급 일부를 지급받고 일정 기간 파견근무를 한 후 귀국하면 다시 임용이 보장되는 사람들이었다.[16]

　이리하여 1894년 12월부터 1895년 4월경까지 일본은 41명의 일본인 고문관들과 보좌관들을 각 부서에 배치하였다. <표 3>에서 보듯이 외부, 궁내부와 해관을 제외한 부서들과 산하 기관은 모두 일

　　“一. 무릇 外務衙門은 외국교섭의 중요한 사건을 담당하며 雇聘 등과 같은 계약을 체결할 때는 해당 아문대신과 협판이 辦理하여 총리대신의 인가를 받아 시행할 것. 一. 外國人延聘及訂約時 外部로 知照하여 主任과 함께 閣議提出件 決定事”

15 『日案』 권3 #1371, 一. 政府各衙顧問의 選聘과 同旅費 · 俸給酌定依賴 건, 76쪽

16 『공사관기록』 권7, 3-(36) 기밀 89호, '益田造幣局技手 여비지급 건', 1895. 9. 30, 67쪽; 권7, 3-(34) 機密 84호, 1895. 9. 2, 66쪽; 권4 #49, '淺山의 외무성 고용임명 통보', 269쪽

본인 고문관들과 행정인들이 업무를 장악하고 일본 공사와의 긴밀한 협조와 훈령 및 정보교환을 통해 조선 정부 내의 정치세력 개편 및 개혁을 주도하였으며

1895년 3월 다음과 같은 법령을 통하여 고문관들의 권한이 법제화되었다.

> 一. 內閣, 各部 기타 各廳에서 閣令·部令·廳令·訓令 등을 發하며 指令을 내릴 時는 其 辦理案을 協辦(내각에서는 總書, 廳에서는 그 廳長官)에 제출하기 전에 반드시 각기 고문관의 査閱에 拱할 것.[17]
>
> 一. 前項外에 內閣 各部 其他各廳에서 接受 發送하는 공문서류는 일절 각기 고문관의 査閱에 供할 것.[18]
>
> 一. 각 고문관은 내각회의에서 각기 主務에 屬하는 案件의 회의에 當하야 辯說하는 필요가 있을 때에는 참석하여 의견을 진술할 것.[19]

이로써 일본인 고문관들은 대신에 비견되는 실질적인 권력을 부여받았다. 즉 고문관들은 각 부서의 모든 공문서와 훈령들을 사전에 사열을 받고 시행함으로써 그 부서들을 실질적으로 장악하고 행정의 실세로 등장할 수 있었다. 또한 내각회의에 참석할 수 있게 됨

---

17 『법령자료집』 1, 奏本 '閣令·部令·廳令·訓令·指令을 고문관의 査閱에 拱하는 件', 1895. 3. 29
18 『법령자료집』 1, 奏本 '內閣·各部·各廳에서 接受·發送하는 서류를 고문관이 査閱케 하는 件', 1895. 3. 29
19 『법령자료집』 1, 奏本 '고문관이 內閣會議에 참석하여 의견을 진술할 수 있게 하는 件', 1895. 3. 29

으로써 국가 권력의 핵심에서 각종 정책결정 과정에 영향력을 행사할 수 있게 되어 명실상부한 고문관 정치시대의 법적 기반을 갖추었다.

1894년 9월 김윤식 외무대신은 "일본 정부가 고종에게 외국인 고문관을 배치하도록 압력을 가하는데 여기서 외국인 고문관이란 일본인을 의미하고 있다"고 전하면서 "영국 영사에게 항의할 것"을 비밀리 요청했다. 이로 인해 영·미·러·독·프 영사들은 모두 일국에 편중된 고문관은 우호와 최혜국 조관에 위배된다는 항의서를 조선 외부로 발송했고 이를 근거로 김윤식은 일본인 고문관 고빙을 지연 내지 거부하는 구실로 삼으면서 서양인의 고용을 주장할 수 있었다.[20]

〈표 3〉 갑오기 정부 고문관 명단 (1894~1895)

이름	국적	부서명	고빙기간	출전
石塚英藏	일	내각고문	1894. 12~1895. 8	공사관기록
岡本柳之助	일	궁내부/군부 고문	1894. 12, 1895. 2	공사관기록
C. LeGendre	미	궁내부고문	1895. 7~1899. 9	공사관기록
서재필	미	중추원고문	1895. 5~1897. 12	공사관기록
齊藤修一郎	일	내부고문	1895~	공사관기록
太庭寬一	일	내부고문	1895. 5~	공사관기록
澁谷加藤次	일	고문보좌관/내부고문	1895~	공사관기록
仁尾惟茂	일	탁지부 고문	1895. 1~1896. 2	공사관기록
McLeavy Brown	영	탁지부 고문	1894. 10~1897. 12	영미외교자료집
C. Greathouse	미	외부고문	1894. 12~1899. 10	공사관기록
吉松豊作	일	법부고문	1895~	공사관기록
星亨	일	법부고문	1895. 4~	공사관기록

20 박일근 편집, 1981 *Anglo-American and Chinese Diplomatic Materials Relating to Korea* II, 신문당, Inclosure 1, 2 in No. 231, 1894. 9. 8, 1894. 9. 6 ; Inclosure 5 in No. 420, 1894. 9. 6 ;『공사관기록』권5 (12) 기밀 제193호 본116, '정치고문관 초빙의 건', 56쪽

이름	국적	부서명	고빙기간	출전
野澤鷄一	일	법부고문	1896. 2~1897. 1	고문서 奎4228
山田雪助	일	농상공부고문	1895. 5~1897. 5	공사관기록
長谷川義之介	일	농상공부고문	1895. 5~	공사관기록
楠瀬辛彦	일	군부고문	1895. 2~	공사관기록
武久克造	일	경무청고문	1894. 12~1896. 2	공사관기록
永島某	일	학부고문	1895. 5~	공사관기록
賴脇壽雄	일	내부고문	1895~1896. 3	『日案』5, #6332
栗林彦	일	군부보좌관	1895~	공사관기록
野野村金五郎	일	학부보좌관	1895~	공사관기록
加藤格昌	일	학부보좌관	1895~	공사관기록
木村綱太郎	일	학부보좌관	1895~	공사관기록
佐藤潤象	일	학부보좌관	1895~	공사관기록
多田桓	일	내각보좌관	1895. 6~을미기	고문서 奎23078
鹽川一太郎	일	내부보좌관	1895. 1~을미기	고문서 奎4251
恒室盛服	일	내각보좌관	1895. 6~을미기	고문서 奎4257
加藤武	일	관보국고	1895~	공사관기록
阿比留銈作	일	경무청보좌관수륜과	1895~	공사관기록
齊藤二郎	일	법부보좌관	1895~	공사관기록
左藤彬	일	법부보좌관	1895~	공사관기록
高田富三	일	법무보좌관	1895~	공사관기록
八島英	일	法部雇員	1895~	공사관기록
吉松豊作	일	法部雇員	1895~	공사관기록
淺山顯三	일	보좌관	1895 초반	공사관기록
栗林次彦	일	보좌관	1895 초반	공사관기록
佐藤潤象	일	보좌관	1895 초반	공사관기록
曾我勉(會段勉)	일	보좌관	1895 초반	공사관기록
武田尙	일	보좌관	1895. 1~	고문서 奎 4227
國分哲	일	군부번역사무관	1895. 12~	고문서 4258
庵川松太郎	일	사범학교교관	1895~	공사관기록
野村金五郎	일	학부보좌관	1895~	공사관기록
加藤格昌	일	학부보좌관	1895~	공사관기록
木村綱太郎	일	학부보좌관	1895~	공사관기록
住永琇三	일	통신국보좌관(농상공부)	1895~1897. 8. 3	『日案』3, #4325

〈표 4〉 1896년~1899년 고문관 명단

이름	국적	부서	재임시기
C.W. LeGendre	미	의정부	1898. 6~1899. 9
서재필	미	중추원	1895. 3~1897. 12
C.W. LeGendre	미	궁내부	1895~1899. 9
J. McLeavy Brown K. Alexeiev	영 러	탁지부	1894. 10~1897. 12 1897. 12~1888. 4
C.R. Greathouse	미	외부	1894. 12~1899. 10
C.R. Greathouse 野澤鷄一(법전편찬)	미 일	법부	1896. 2~1899. 10 1896. 2~1897. 1
서재필 山田雪助(통신담당)	미 일	농상공부	1896. 3~1897. 12 1895. 5~1897. 5
J.H.F. Nienstead Putiata	미 러	군부	1896. 10~1898. 3 1896. 10~1898. 4
A.B. Stripling	영	경무청	1897. 8
J. McLeavy Brown	영	해관총세무사	1893. 10~1905. 11

* 출전 : 『고종실록』

〈표 5〉 1900년~1903년 고문관 명단

이름	국적	재직 부서	고빙기간
W.F. Sands	미국	궁내부 / 외부	1899. 11~1904. 1
R. Cremazy	프랑스	법부	1900. 5~1904. 4
加藤增雄	일본	농상공부	1902. 8~1904
C. Deleoigue	벨기에	내부	1903. 3~1905. 1

* 출전 : 『舊韓國外交文書』고빙계약서(奎 23334, 奎 23473, 고문서 4226)

　　대한제국 정부는 고문관들에게서 조속히 기술과 업무를 배우려
는 자세보다는 오히려 이들이 전문관리인으로 조선 정부의 업무를
대신 관장해주기를 바라는 수동적이며 타율적인 자세를 보였고, 이
런 자세는 기존의 일본어 어휘를 그대로 유입시키는데 적지 않은

영향을 끼쳤다고 생각된다. 고종은 제국주의 시대적 상황 속에서 고문관들의 한계를 직시하지 못하고 국가 격변기에 고문관들을 자신의 안위나 독립을 수호하는 일종의 이이제이책으로 이용했다. 이로 인해, 그들은 정책 실무자라기보다는 상당히 정치성을 강하게 띤 정치고문관의 특성을 갖게 되었다고 볼 수 있다. 이상과 같이 대한제국 관보는 1894년 6월부터 1910년 8월 대한제국이 일본에 국권을 상실할 때까지 발행된 공적인 자료로서 당시의 정치와 경제, 군사, 행정, 교육, 문화, 각종 제도 등을 종합적으로 알 수 있는 자료이다. 大韓帝國官報가 당시의 정치와 경제, 군사, 행정, 교육, 문화, 각종 제도자료는 물론 언어 자료로서도 중요하며 특히 개화기에 일본어 어휘를 한국에 받아들이는 통로가 되었을 개연성이 있다고 생각한다.

大韓帝國官報

第二卷 (上)

1895년, 高宗 32년, 개국 504년

官　報　開國五百四年正月初一日
勅令今日元朝也　國太公現住次禁中令宮內僉議李始榮府大夫人宮
問候以來宮內大臣　奉勅〇勅令金奉朝賀宋奉朝賀申領院事沈領院
事衣資食物令該衙門輸送遣地方官存問宮內大臣　奉勅〇兼大宗伯
奏　太廟歲首展謁　閟宮孟春　展謁以何間擇吉乎奉　旨從當降　旨
又奏　永禧殿　展謁當爲取稟而今年卽酌獻禮年次不爲磨鍊之意奉
旨依允又奏令正月二十二日王太后誕日陳　賀詩　王太子致詞陳
賀之節依例磨鍊乎奉　旨權停
謝恩　健元陵令朴厦陽

官　報　開國五百四年正月初二日
完伯書目益山郡守鄭元成罷黜事

官　報　開國五百四年正月初三日
昨日完伯書目益山郡守鄭元成罷黜事誤印
初四日
下直慈山府使具周鉉

官　報　開國五百四年正月初四日
謝恩法務恭議金基龍內務主事閔致完車學模淸州牧使李敎夏寧越
府使鄭敬源江華中軍申復均〇下直博川郡守李弼永

官　報　開國五百四年正月初四日

藥房日次日安　答曰知道　王太后氣候一樣王后氣候安順卿等不必
侍矣○警務使尹雄烈上疏大槩冒悚浮瀆冀蒙恤之　恩事　答曰省疏
具悉所請依施○海伯書目方物進上■口全不近交之工化縣令徐九淳
罷黜事

初五日

謝恩黃山察訪李義道

官　報　開國五百四年正月初五日

勅命李允用爲警務使總理大臣　奉勅○總理大臣奏大典會通侍從臣
父곤今臣父年七十者歲初加資嘉善以上母得變品超資而換近嘉善
以上之變品超資寔屬濫恩自今老加資一依大典施行何如奉　旨依允
○同知中樞院事李圭復曹秉直僉知中樞院事柳百均以上朝官年八十
加臣資總理大臣內務大臣　奉旨○總理大臣內務大臣奏長興府使有
闕之代前恭議李敎奭差下使之當日辭朝給馬下送何如奉　旨依允奏
又文化縣令徐九淳以進上過限事道啓論罷固當如法拿勘而此時西
邑守宰之遞易不可不念特慰安徐益山郡守鄭元成向日錦營論罷寔
存事體而卽見完伯狀本則經擾邑倅不可暫曠請爲仍任任矣依狀請
施行何如奉　旨依允○總理大臣工務署理大臣奏任工務衙門主事崔
文鉉○總理大臣內務大臣奏任警務官劉世南內務衙門主事金宅鎭金
敎性○內務衙門巡金元淳罷免代成晉鎬○工務衙門魚川察訪趙光涵
○內務衙門權周星金致昼以上士無人年百歲直招崇政○錦伯事目前
恭判申箕善上疏上送事　答曰省疏具悉不念時艱一向力辭是豈人臣
分義乎卽速上來肅命○完伯書目兵使徐丙懋孤城失守符牌被燒罷黜

事○議政府同知中樞院事尹雄烈

官　報　開國五百四年正月初六日
議政府同知中樞院事權周星金致昰
初七日
謝恩摠巡成晉鎬工務主事崔文鉉果川縣監金思濬○下直錦山郡守李
奎文

官　報　開國五百四年正月初八日
謝恩警務使李允用

官　報　開國五百四年正月初八日
總理大臣奏登科十年人年過五十未及分館人蔭武僉下員外郎原仕
仕滿人並陞六品何如奉　旨依允○總理大臣軍務大臣奏關西管餉使
運餉使並減下各道監■所兼親軍外使之稱亦爲減下何如奉　旨依允
○總理大臣度支大臣奏關西管餉使令己減下矣從前該道稅納之管餉
會錄者當依他道例定章收納京司令本道通計結戶所歛排定營邑需
用而應下應納之數報度支磨勘定式外毋得濫歛俾■西路民力何如奉
旨依允○總理大臣內務大臣度支大臣奏卽伏全羅監司李道宰狀本啓
下則向因東徒之猖獗錦山郡人命被害者爲六十四名民家被燒者爲
五百二戶龍潭縣人命被害者爲十七名被燒公廨爲四十四間民家爲
四百七十戶別般優恤之典令廟堂稟處爲辭矣兩邑偏被酷禍蕩燼無

餘當此沍寒失所流離言念民情極爲慘惻就公納中錢一萬兩劃下下
令道臣酌量分及兩邑俾爲結構安接之地至於被燒公廨重建之節自
營邑另商方略更爲報來事分付如何　奉　旨依允○總理大臣軍務大
臣奏向以全羅兵使徐丙懋城池失守事施以越俸三等之典而繼有道
臣論罷請罪之啓矣揆以師律固當拿勘而該兵使半載孤城一心固守
衆寡不敵衆竟至被陷旋卽收復容有斟量且經擾之餘有難遽付生手
特令戴罪擧行俾責來効何如奉　旨依允○總理大臣軍務大臣因春■
牒呈本營中軍朴宗秉奏差○總理大臣外務大臣度支大臣奏元山港監
理金夏英身故代軍務叅議金益昇差下○內務大臣奏金堤郡守權鳳熙
身病改差○外務衙門駐日公使緖繹官補學務主事安泳中○法務大臣
奏江東前縣監閔泳純自現就囚切民生無難逃竄難逭重勘羣山前僉
使申永熙自現就囚不能防禦至失軍物難逭當勘以此照律何如奉　旨
依允又奏卽見箕伯所報則熙川郡守具然昇濫殺不法爲先罷黜其罪狀
請令該衙門稟處矣該郡守具然昇令該道臣派員押上何如奉　旨依允
初九日
謝恩長興府使李敎奭兼載寧郡守金思準○下直果川縣監金思濬○軍務
叅議朴準成兩湖出駐兵丁犒饋事出去

長興府使李敎奭兼謝恩後仍爲下直○昨日外務衙門駐日公事官緖繹官
補學務主事安泳中二十字誤印
初十日
謝恩內務主事金敎性崔正益警務官劉世南魚川察訪趙光涵

衙門令第一號

保護淸商規則以上年十一月二十一日

勅旨業經頒布茲定其施行細則頒布照辦

開國五百四年正月七日　外務大臣金允植

內務大臣朴泳孝

法務大臣徐光範

保護淸商規則施行細則

第一條　按照保護淸商規則第二條第一項願居住營生者須照第一號
式樣豫備稟帖稟請各該地方官准可淸民如願率眷同居營生或父母
妻子或雇用人工者應照保護淸商規則第二條第一項舉開姓名稟請
准可但未滿十歲孩童無庸稟請

第二條　在各該地方廳如受前項稟帖當嚴查犯否保護淸商規則第三
第四第七號等條所禁各件若無抵觸於所備登錄簿內卽行錄下並應
照第二號式樣發給准可證但如第一條第二項所載淸民除未滿十歲
孩童無庸發給外須宜發給各人准可證

第三條　各該地方廳發給前項所定准可證後應將該證謄本卽行通牒
警務使知照

第四條　淸民領有準可證者每出門外須將該證携帶身邊以便該當官
員驗放

第五條　經准淸民如將該准可證或毀損或失落須卽納規費朝鮮銀貨
壹兩洋銀貳角稟請換付另發於各該地方廳

各該地方接有前項稟請如係失落嚴究事由若無隱匿虛誕之弊更繕
新證卽行發給雖不發新證尙無庸將所納規費還給

第六條　經准淸民如欲轉居更業或願增減貿易須先開其由稟請各該

地方廳准允

各該地方廳既受前項稟請經行允而所請係屬轉居更業者於該民人所執准可證後面■格內寫明確實如係增減貿易者於該證後面■格外附寫准允之由還給該民

第七條　各該地方廳經准淸民之轉居更業者或增減貿易候須將其祥情卽行知照警務使如其轉居須卽向轉到地方廳知照其情

第八條　經准轉居之淸民轉到後直到該地方廳請驗准可證另行錄下爲要

該地方廳既受前項轉到登錄稟請須宜確驗該准可證查照前住地方廳通牒兩相符合須登錄准允

第九條　保號淸商規則第三條所載禁制物件卽各種兵器彈丸藥爆轟諸藥其他由該地方海關警察等官　認定害治平家及平之件一切包在其內

第十條　淸民如帶禁制物件或運入或發售者由各該地方海關警察等官卽行捕拿將物件沒官

第十一條　各該地方官及警察官一知淸民之不照保護淸商規則聘敢居住朝鮮國內或往來各地或攢營私業者卽行捕拿如有所帶物件得沒入官廳或爲押■

第十二條　警務廳及地方官廳內各該官員無論何時得親往經准淸民家宅或舖店查驗但該官員須帶該官印証以防假冒

第十三條　保護淸商規則第四條所載日後到境之淸民須先至海官廳請允上岸前項淸民如到海關廳或地方廳該各廳須先查明合否該規則所定各項資格合則允其上岸入境否則一槪不准

第十四條　淸民之按照保護淸商規則第五條爲收回存■產業欲進入內地者須照第三號式樣繕備正副稟帖兩本呈上各該地方廳稟請准可

第十五條　各地方廳接有前項稟請卽行移牒所名存■産業地方廳審明眞假如事寔無疑者發給第四條式樣護照

第十六條　領有護照之淸民行旅已了由地內回到原地當照所領護照還納該地方廳

第十七條　各該地方廳須照第五號式樣豫備登錄簿每有請錄者照樣錄下

第十八條　如有敢違本細則者除按第十第十一條等各節處罰外仍按其情如何罰銀朝鮮銀貨五百洋銀兩壹元或杖一百以下或逐出境外皆可

第十九條　本細則自頒布之日遵照開辦

官　報　開國五百四年正月初十日

藥房日次問安　答曰知道　王太后氣候一樣王后氣候安順卿不必入侍矣○海伯書目遂安郡守李京鎬軍器見失獄囚放逸須先罷黜其罪狀令該衙門稟處事

十一日

謝恩元山港監理金益春川中軍朴宗秉○下直密陽府使沈賢澤

官　報　開國五百四年正月十一日

總理大臣內務大臣奏欽遵上年十二月十六日

勅令旨意見窠州縣中京畿之積城屬于麻田陰竹屬于利川豐德屬于開城嶺南之咸陽屬于安義玄風屬于昌寧事分付該道道臣何如奉　旨依允○總理大臣軍務大臣奉城門夜閉法意本自嚴重而公私出入實多

窒碍合有變通自今各城門鎖■並令軍務衙門主管啓閉之節從便爲之
何如奉　旨依允○總理大臣內務大臣奏豊川府使崔丙斗遂安郡守李
京鎬長連縣監金近植俱以軍器見失道啓論罷請勘而經擾邑倅之罷
拿曠務極爲可■並令戴罪擧行何如奉　旨依允○總理大臣軍務大臣
奏善積兼任蒜山僉使鄭昌模正方別將金正完大峴別將田永成所己
萬戶李連秀俱以軍器見失道帥臣論罷請勘而經擾之餘鎭將遞易極
涉疎虞並令戴罪擧行　何如奉　旨依允○內務大臣奏忠州牧使趙漢
國身病改差又奏茂長縣監閔配鎬除拜半戴尙不赴任極爲駭然罷黜
何如奉　旨依允○總理大臣內務大臣奏任驪州牧使李範仁忠州牧使
李種元長湍府使趙民熙楚山府使權用哲三水府使柳完秀彦陽縣監
鄭肯朝又奏內務衙門叅議有闕之代前府使南廷植差下內務衙門主
事李瑛尹瑢錫並陞三品差下何如奉　旨依允○總理大臣軍務大臣奏
軍務衙門叅議金益昇移差代外務衙門主事申載永陞三品差下何如
奉　旨依允○總理大臣工務署理大臣奏工務衙門叅議徐相集遭故趙
民熙外任代議政府主事吳世昌度支主事趙秉敎並陞三品差下何如
奉　旨依允○總理大臣度支大臣奏任度支衙門主事金亮漢尹顯求安
宗洙柳應斗○軍務大臣奏任巨門島僉使權東鎭身病改差○總理大臣
軍務大臣奏任巨門島僉使金在恒○法務大臣奏江東前縣監閔泳純操
切民生持印逃竄難誼重勘以此照律事　允下矣謹據律文杖一百私罪
收贖告身盡行追奪慶尙道聞慶府流三千里定配而係是流配不付功議
奉　旨依允又奏羣山前僉使申永熙軍物見失難誼當以此照律事　允下
矣謹據律文杖一百公罪收贖奉　旨依允功減一等○內務衙門本衙門
主事未差代郭鍾錫啓下主事仁學名字以仁鶴改付標○內務衙門幼學
李寅熙劉龍源李東燮姜弼權李培根李根片漢甲李成根朱■植徐進亮
徐相翼金良哲孫良信金文甲金界順高伊根業武趙永壽卿史權志默

閑良盧宗番以上今超通政士庶年九十人○法務衙門平昌前郡守沈宜
平自現就囚
十二日
謝恩內務主事金宅鎭○下直魚川察訪趙光涵

官　報　開國五百四年正月十二日
宮內大臣奏掌樂主事具喆祖　敬陵參奉崔鉉軾
昭寧園守奉官李義龍曹基榮　懿寧園守奉官鄭基元
俱以身病改差何如奉　旨依允○錦伯朴濟純上疏上送事　答曰省疏
具悉所請依施○宮內大臣奏仁典牲主事李範入掌樂主事李潤相
十三日
謝恩內務參議尹瑢錫工務參議趙秉敎吳世昌驪州牧使李範仁參嶺
申泰休金井察訪吳相鶴○下直載寧郡守金思準黃山察訪李義道

官　報　開國五百四年正月十三日
昨日忠淸監司疏　批不爲頒布○答忠忠淸監司朴齊純疏曰省疏具悉
此時此任何可輕遞卿其勿辭益勉旬宣之責○宮內府　敬陵參奉韓赫
東　仁陵參奉李東厦景陵參奉李載馨　昭寧園守奉官朱錫晃金益鎔
懿寧園守奉官盧觀洙○下直通津府使許璉○中樞院參上員外郎李義
錫洪在珽金河璉蔡東英金明濬南廷述登科年五十人李義永分館前
年過五十人鄭近源李敦行安溭金仁淑李容祐劉斗金炳■李輔漢李啓
舜李濟殷李宣租以上仕滿人並陞付
十四日

謝恩內務㕘議李㙉忠州牧使李種元軍務㕘의申載永彦陽縣監鄭肯朝

第一號式樣正月初九日官報中保護清商細則續

居住營生居錄稟帖

清國某省某府某縣某邑某幾歲

　[如係産主之父母妻子或所雇人工按照前項之例其次寫明父某母某

氏妻某氏子某雇人某等類並應寫明歲數]

一職業　何商　[如係家眷所雇人等須寫明舖東營何生業]

一住地名　某城口　某街　某號地租家或自置

一年限自至開國某年某月某日止起某年某月

右外民遵奉　貴國保護清商規則情愿居住前開之地營前列之生懇請

大人如有父母妻子雇用人工加照所開人名五字俯准登錄發給准可

證　産主某　花押

右　稟　請

漢城府尹某大人　台前

官　報　開國五百四年正月十四日

總理大臣內務大臣奏交河郡守姜湜連三中罷黜該邑屬于坡州何如

奉　旨依允又奏任順興府使田愚金堤郡守李聖烈熙川郡守慶光國德

川郡守朴文五博川郡守李弼永比安縣監郭鍾錫開城經歷高永周○總

理大臣軍務大臣因畿伯牒呈本營中軍黃基明奏差巨門島僉使金在恒

名字以在興改付標○內務衙門本衙門主事未差代黃泌秀警務廳總

巡太碩勳有頉代金在愚啓下○外務衙門本衙門主事申載永移差代金

彰漢復起梁柱謙改差代金洛駿啓下○軍務衙門本衙門主事金時濟金

教演改差代李鳳宇韓信賢啓下○法務衙門前嶺伯李容直自現就囚

十五日

謝恩度支主事金亮漢典牲主事李範八

官　報　開國五百四年正月十五日

藥房日次問安　答曰知道　王太后氣候一樣王后氣候安順不必入侍矣

第二號

第幾號　准可證

清國某省某府某縣某邑　某幾歲

住地　某城口　某街幾號地

生業　何商

右開清民按照保護清商規則至自開國五百幾年某月某日止起在注

明之地准可住居營生

開國五百幾年某月某日

大朝鮮國漢城府尹某　　漢城府尹之印

轉居　某城口某街幾號地

右照保護清商規則准允轉居

開國幾年　月　日

某城府尹某口監理　某　印

更業

右照保護清商規則准允■業

開國五百　年　月　日

轉居

右照保護淸商規則准允轉居

開國五百　年　月　日

更業

右照保護淸商規則准允█業

開國五百　年　月　日

第三號式樣

請進內地稟帖

經准居住大朝鮮國某城口某街幾號地

籍█某城某府某縣某邑　某幾歲

一存█産業地名　某道某處某街幾號地

一存█各項産開列于左

一洋布　幾疋

一大豆　幾石

一烟絲　幾斤

一█　　幾頭

一衣服炊具雜樣器具幾件

上開各件實係外民存█現願親往收回懇請

大人施恩俯准外民由某地經過某某等地某口上船航到某口往來無碍

右　稟　請

某城府尹某口監理某大人　台前

第四號式樣

護照

官廳之印籍■清國某省某府某縣某邑

現住大朝鮮國某處某街 某幾歲

右開某人爲收回㐖■產業經過某處前往某地從止月日起止幾日限准
允該民往回

開國五百 年 月 日

某某城府尹某口監理某印

官 報 開國五百四年正月十七日

謝恩摠巡金在愚熙川郡守慶光國○下直江華■守申正熙春川中軍朴
宗秉

官 報 開國五百四年正月十七日

僉知中樞院林永相○中樞院燊上員外郎趙周顯具益會以上仕滿陞付
十八日

謝恩 昭寧園守奉官主錫晃外務主事金洛駿京畿中軍黃基明巨文島
僉使金在興

官 報 開國五百四年正月十八日

總理大臣內務大臣法務大臣奏命案關係何等審重而開城■守李敎榮
謂以已決之案擅放干連之囚揆以獄體殊屬不審該■守施以從重推考
筋令更拿該守究覈得情何如奉 旨依允○法務衙門領營幕裨玄明運

安鐘祐自現就囚

官　報　開國五百四年正月十九日
當日無公事
二十日
謝恩　昭寧園守奉官金益鎔

官　報　開國五百四年正月二十日
藥房日次問安　答曰知道　王太后氣候一樣王后氣候安順卿不必入
侍矣
　　　　二十一日
謝恩開城經歷高永周

官　報　開國五百四年正月二十一日
當日無公事
　　　　二十二日
王太后陛下誕辰問安　答曰知道○謝恩三水府使柳完秀　敬陵參奉
韓赫東

官　報　開國五百四年正月二十二日
當日無公事

　　　二十三日
下直元山港監理金益昇

官　報　開國五百四年正月二十三日
當日無公事
　　　　二十四日
下直熙川郡守慶光國

官　報　開國五百四年正月二十四日
當日無公事
　　　　二十五日
下直開城經歷高永周

官　報　開國五百四年正月二十五日
藥房日次問安　答曰知道　王太后氣候一樣王后氣候安順卿不必入
侍矣
　　　　二十六日
下直忠州牧使李種元

官　報　開國五百四年正月二十六日
勅令本月二十八日當詣　太廟展謁　閟宮展謁矣門路以神武門北墻

門爲之

宮內大臣

奉　　　勅　○宮內大臣奏任尙衣主事李源正○宮內府　獻陵參奉兪
會潛

　　　　　　二十七日

謝恩　懿寧園守奉官盧觀洙博川郡守李弼永

官　報　開國五百四年正月二十七日

總理大臣奏　廟　宮展謁纔有　勅令矣歲華載新聖慕將伸臣不勝欽
之至第今初春寒威無異冬令苑路縈紆冰雪堆疊此時觸冒勞動有非
大聖人節宣之道伏乞亟寢成命稍俟天氣和█卜日退行千萬顒祝奉
旨所懇雖如此成命已下情禮攸在有難退行矣○勅令　閟宮展謁時門
路以月覲門迢覲門爲之

宮內大臣

奉勅　　　○記注李守寅病代金東薰○兼大宗伯奏今此　太廟閟宮
展謁出還宮時　王太子祗迎及隨駕之節依例磨鍊乎敢奏奉　旨依例
磨鍊祗迎置之○明日出宮正時午正二刻內門路廣臨門爲之

宮內府　　　　　　　　　　　　　　　　　　儒東相爭

奉旨　○黃海道中下等平山府使李彰烈　盍思解紛　中麒麟察訪洪
元杓家近爲　下

　　　　　　二十八日

謝恩　景陵叅奉李載馨掌樂主事李潤相

官　報　開國五百四年正月二十八日

大駕詣　太廟入齊室後及仍詣　閟宮入齊室後問安答曰知道

官　報　開國五百四年正月二十九日

詔勅人을用ᄒ■門地치아니ᄒ고士를求ᄒ■朝野에遍及ᄒᄂ事로朕이　廟　社에旣誓告■지라其德行才藝賢能方正■士가ᄒ거든在ᄒ바의地方官이身으로勸ᄒ야위ᄒ야駕ᄒ게야■朕意에稱케ᄒ라總理大臣奉○總理大臣內務大臣奏開城俯에從來經歷을廢ᄒ고四都例를依ᄒ와判官을置ᄒ오미何如ᄒ올지奉旨依允○勅令開城府經歷을判官으로改稱ᄒ고其職權은四都例ᄒ라

總理大臣內務大臣奉勅○宮內大臣奏亭官之臨時差送每患苟艱合有變通例差之式各　陵園　墓春秋奉審自今爲始令各該地方官擧行陵　園節享獻官大祝並以本　陵　園官例差　忌辰祭獻官以該地方官及附近邑倅差送　健元陵　仁陵　綏陵　景陵　睿陵　忌辰祭獻官依前以二品官差送　健陵忌辰祭獻官以水原　守差送何如奉　旨依允○總理大臣內務大臣은奏見窠州縣中忠淸道의平澤은稷山에合ᄒ고慶尙道의昆陽은에合ᄒ고平安道의碧潼은楚山에合ᄒᄂ事로該道道臣에게分付ᄒ으미何如ᄒ을지奉　旨依允又奏■陵島搜討ᄒᄂ規를今旣永革ᄒ온지라越松萬戶의兼■바島長을減下ᄒ고別로可堪者一人을擇ᄒ와島長을差定ᄒ야島民事務를管領케ᄒ고每歲에船을數次送ᄒ와島民疾苦를問ᄒ으미何如ᄒ을지奉　旨依允○總理大臣軍務大臣은奏各道水陸諸操及巡歷巡點의春秋設行이正式에原係ᄒ으나民力을每念ᄒ와　稟旨停止ᄒ고官鎭聚點을堰役에移赴ᄒ온지라外道軍制를將且更張ᄒ으니此等奏覆은便是文具이온則

自今으로並置ᄒ오미何如ᄒ을지奉　旨依允又奏江華■守申正熙牒
呈을卽接ᄒ으니本營中軍을前副護軍申復均으로自辟ᄒ야轉奏ᄒ
기를報請ᄒ온지라此를依ᄒ야施行ᄒ오미何如ᄒ을지奉　旨依允○
內務大臣奏金堤郡守李聖烈長湍府使趙民熙碧潼郡守金永喆鎭安
縣監黃演秀平澤縣監李鐘郁本衙門主事金宅鎭俱以身病呈狀乞遞
並改差何如奉　旨依允又奏完伯李道宰의所報를見ᄒ온則茂朱前府
使尹泌求가　上年十月에到任ᄒ고受由업시上京■지四朔이라事體
로揆ᄒ면誠甚駭然ᄒ야已遞로勿論ᄒ미可치아니ᄒ다ᄒ와臣衙門
에셔　稟處ᄒ을事로爲辭ᄒ온지라茂朱前府使尹泌求ᄂ已改遞ᄒ여
스오■有事■邑에若是히曠職ᄒ야道臣의請勘이ᄒ기에至ᄒ오니仍
置ᄒ오미可치아니ᄒ온지라法務衙門으로拿勘ᄒ오미何如ᄒ올지
奉　旨依允又奏卽見箕伯金晩植所報則嘉山前郡守金鐘桓籍托軍糧
公貨挪用爲二千二百九十三兩八錢三分矣莫重公錢無難取用揆以
法體極爲駭然令法務衙門拿問嚴勘所犯公貨不日督刷使之還送該
邑何如奉　旨依允又奏淸州牧使任澤鎬ᄂ身故ᄒ옴고漆原府使李敦
鎬와昆陽郡守宋徽老ᄂ瓜滿ᄒ오니並改差ᄒ오미何如ᄒ을지奉　旨
依允○總理大臣內務大臣은奏開城府經歷을判官으로改稱ᄒ온지라
前經歷高永周를開城府判官으로差下ᄒ으미何如ᄒ올지奉　旨依允
又奏任內務衙門主事閔致完車學模又奏任淸州牧使李敎夏長湍府
使具然泓淸風府使徐相耆寧海府使吳周泳漆原縣監吳聖模平山府
使尹泰興金堤郡守李奎鳳金川郡守韓信賢振威縣令黃泌秀復起甑
山縣令李鳳宇鎭安縣監沈能敬○總理大臣農商大臣奏任農商衙門參
議尹相澈主事姜華錫○本月十八日奏本中開城■守李敎榮從重推考
以譴責改付標○工務衙門金郊察訪鄭道淳栗峯察訪林圭相銀溪察訪
李斌鉉本衙門主事未差代李淙遠復起○內務衙門本衙門主事未差代

李復榮○中樞員外郞金寧圭蔡應祿金仁淑李賢在已上蔭仕滿人李相
標曹文煥已上登科年五十人金容變朴世翼已上分館前年過五十人
前承旨兪鎭壽年七十侍從臣道憲兪吉濬父今加嘉善幼學洪在祐年
七十侍從臣前承旨洪鐘運父已上今超通政前縣監鄭日愚前都事李
祖晃前監役金永道已上朝官年八十今超通政○三十日謝恩外務主事
金彰漢

官　報　開國五百四年正月三十日

藥房日次問安　答曰知道　王太后氣候一樣王后氣候安順卿不必入
侍矣○昨日總理大臣度支大臣軍務大臣農商大臣奏太僕外寺를今旣
裁減ᄒ온지라濟州年例貢馬를軍務衙門主管에屬ᄒ와█軍用을備ᄒ
고貢馬ᄂᆫ船運ᄒ테ᄒ와█三道遞傳ᄒᄂ獘를祛ᄒ오미何如ᄒ을지奉
旨依允○僉知中樞院事李承宇中樞院員外郞崔昌溥

　　　　　二月初一日

謝恩農商衆義尹相澈尙衣主事李源正○下直驪州牧使李範仁巨門島
僉使金在興

官　報　開國五百四年二月初二日

詔勅朕惟我　祖宗이業을創ᄒ사統을垂ᄒ시미玆에五百四年을歷有
ᄒ시實我　列朝의敎化와德澤이人心에浹合ᄒ시며亦我臣民이厥忠
愛를克殫호믈由호미라이러므로朕이無疆█大歷服을嗣ᄒ야夙夜에
祇懼ᄒ야오작爾祖宗의遺訓을是承ᄒ노니爾爾臣民은朕衷을體홀
지어다오작爾臣民의祖先이我　祖宗의保育ᄒ신良臣民이니爾臣民

도亦爾祖先의忠愛를克紹ᄒ야朕의保育ᄒᄂ良臣民이라朕이爾臣民으로더브러　祖宗의丕基를수ᄒ야萬億年의休命을迓續ᄒ노니嗚呼라民을敎치아니면國家를鞏固케ᄒ기甚難ᄒ니宇內의形勢를環顧ᄒ건■克富ᄒ며克强ᄒ야獨立雄視ᄒᄂ諸國은皆其人民의知識이開明ᄒ고知識의開明홈은敎育의善美ᄒ므로以홈인則敎育이實로國家保存ᄒᄂ根本이라是以로朕이君師의位에在ᄒ敎育ᄒᄂ責을自擔ᄒ노니敎育도■■其道가有■지라虛名과實用의分別을先立ᄒ미可ᄒ니書를讀ᄒ고字를習ᄒ야古人의糟粕만掇拾ᄒ고時勢의大局에矇眛■者ᄂ文章이古今을凌駕ᄒ야도一無用■書生이라今에朕이敎育ᄒᄂ綱領을示ᄒ야虛名을是祛ᄒ고實用을是崇ᄒ노니曰德養은五倫의行實을修ᄒ야俗綱을紊亂치勿ᄒ며風敎를扶植ᄒ야■人世의秩序를維持ᄒ고社會의增進ᄒ라曰體養은動作에常이有ᄒ야勤勵ᄒ므로主ᄒ고惰逸을貪치勿ᄒ며苦難을避치勿ᄒ야爾筋을固케하고爾骨을健케ᄒ야康壯無病ᄒ樂을享受ᄒ라曰智養은物을格호■知를致ᄒ고理를窮ᄒ■性을盡ᄒ야好惡是非長短에自他의區域을不立ᄒ고詳究博通ᄒ야一己의私를經營치勿ᄒ며公衆의利益을跂圖ᄒ라曰此三者ᄂ敎育ᄒᄂ綱紀니朕이政府를命ᄒ야學校를廣設ᄒ고人材를養成ᄒ면爾臣民의學識으로國家의中興大功을賛成ᄒ기爲ᄒ리라爾臣民은忠君愛國ᄒᄂ心性으로爾德爾體爾智를養ᄒ라王室의安全홈도爾臣民의敎育에在ᄒ고國家의富强홈도爾臣民의敎育에在ᄒ니爾臣民의敎育이善美■境에抵치못ᄒ면朕이엇지■ᄒ■朕의治가成ᄒ다ᄒ며朕의政府가엇지敢히■ᄋ■其責을盡ᄒ다ᄒ리오爾臣民도敎育ᄒᄂ道에心을盡ᄒ며力을協ᄒ야父가是로■其子에게提誘ᄒ고兄이是로서■其弟에게勤勉ᄒ며朋友가是로■輔翼ᄒᄂ道를行ᄒ야奮發不已홀지어다國家의愾를敵홀이惟爾臣民

이며國家의悔를禦홀이惟爾臣民이며國家의政治制度를修述홀히
亦惟臣民이니此皆爾臣民의當然■職分이어니와學識의等級으로其
功效의高下를奏ㅎㄴ니此等事爲上에些少■欠端이라도有ㅎ거든爾
臣民도亦惟曰호■爾等의敎育이不明■然故라ㅎ야上下同心ㅎ라爾
臣民의心은■■朕의心이니■홀지어다若玆ㅎ진■朕이祖宗의德을
揚ㅎ야四表에光홀지며爾臣民도亦惟爾祖先의■子孝孫이되리니■
홀지어다爾臣民이여惟朕此言總理大臣內務大臣學務大臣奉○總理
大臣軍務大臣工務署理大臣은奏軍務와礦務의職務가各殊ㅎ와兼
任ㅎ오미可치아니ㅎ오니北道礦務監理李容■의所帶■南兵使의任
을改差ㅎ오미何如ㅎ을지奉　旨依允○總理大臣軍務大臣은奏慶尙
左兵使具鍾書가狀을呈ㅎ南兵使의任을改差ㅎ오미何如ㅎ을지奉
旨依允○勅令許璡爲南兵使尹雄烈爲慶尙左兵使總理大臣軍務大臣
奉　勅○總理大臣度支大臣은奏度支衙門衆議有闕代에寧越府使嚴
柱興으로差下ㅎ으미何如ㅎ지奉　旨依允○總理大臣內務大臣은奏
寧越府使有闕代에法務協辦鄭敬源으로差下ㅎ오며通律府使有闕
代에法務衆議鄭寅興으로差下ㅎ오미何如ㅎ을지奉　旨依允○勅令
李在正爲法務協辦總理大臣法務大臣奉　勅　○總理大臣은奏議政府
衆議有闕代에前主事尹致昊로差下ㅎ오미何如ㅎ을지奉旨　依允○
總理大臣法務大臣은奏法務衆議有闕代에前校理金基龍으로差下
ㅎ오미何如ㅎ올지奉　旨依允○總理大臣學務大臣은奏學務衆議有
闕代에駐日本公使館書記官李鳴善으로差下ㅎ오미何如ㅎ올지奉
旨依允○總理大臣內務大臣은奏茂長縣監閔配鎬가除拜ㅎ은지入朔
에任所에不赴　事로全羅監司李道宰가罷黜■牒報를呈ㅎ야삽더니
其後閔配鎬가赴任次로營下에來到ㅎ■其遲延■委折이身病緣由오
며此該邑의曠官旣久ㅎ야百務가蓺如ㅎ와新官의下來ㅎ읍기를侍

ᄒ온則多日을費ᄒ지라閔配鎬를特爲仍任ᄒ올事호牒報를更呈ᄒ
오니此時曠務가成極可憫ᄒ온지라報請을依ᄒ야該縣監閔配鎬를
仍任ᄒ오미何如ᄒ지奉　旨依允○軍務大臣은奏全羅右水使權鳳圭
의牒報를見ᄒ온則新差　該水營虞候李洙烈이差下ᄒ온지半年이已
過호■尙且任에赴ᄒ지아니ᄒ오니艱虞■時에虞候의職을時日도閑
曠ᄒ오미有難ᄒ온故로前五衛將徐勻輔로■自辟ᄒ고轉奏ᄒᆞᆸ기를
報請ᄒ오니此를依ᄒ와施行ᄒ오미何如ᄒ올지奉　旨依允○法務大
臣은奏　肇慶廟令金潤鉉이自現ᄒ야囚에就ᄒ와供辭ᄒᆞᆸ기를去年
八月肅謝ᄒ온後에僚官朴鳳來와遞直ᄒᆞᆸ기로相約ᄒ야습더니朴
鳳來가受由ᄒ고空齊ᄒ온지라惶恐遲晩이라ᄒ오나金潤鉉을赴任
過限律로照律ᄒ오미何如ᄒ올지奉　旨依允○昨日兼大宗伯奏每年
各　陵　展謁春則二三月秋則八九月取　稟事曾有定式矣今春　展
謁正於何陵而以何間擇吉乎敢奏奉　旨候降旨又奏　永禧殿酌獻禮
每於間二年仲春　稟旨擇日事曾有定式矣酌獻禮吉日以何間推擇乎
敢奏奉　旨候降旨宗伯府今二月初八日　王太子生辰百官下行禮地
位舉行何如奉　旨權停例爲良如敎○內務衙門樂安監牧官申壽■靈
光監牧官吳性煥本衙門主事金人碩○外務衙門本衙門主事沈鍾舜○
軍務衙門本衙門主事崔采鵬金昇濟○工務衙門麒麟察訪林成喆樊樹
察訪禹台鼎○宗伯府今二月初八日　王太子生辰百官賀權停例吉時
今日官推擇則冬日辰時爲吉云以此時舉行何如奉　旨依允又今二月
初八日　王太子生辰百官賀權停例事　命下矣同日宗親文武百官四
品以上朝服五品以下黑團領繼照堂權停例行禮事知委舉行何如奉
旨依允○內務協辦李重夏上疏大槩敢陳實病難强之狀冀蒙見職亟遞
之　恩事奉　旨省疏具悉所請依施○全羅監司李道宰上疏辭職事奉
旨省疏具實此時此任何可輕遞卿其勿辭益勉句宣之責○前執議金禹

用上疏大椠敢陳愚見乞　賜採納事奉　旨省疏具悉疏辭下閣議稟處
○正月二十九日奏本中漆原府使以漆原縣監改付標○同知中樞院事
金疇鉉兪鎭壽僉知中樞院事趙民熙李聖烈尹升求洪在祐鄭日愚李
祖晃金永道○謝恩　獻陵祭奉兪會濬

官　報　開國五百四年二月初二日
謝恩工務主事李淙遠淸風府使徐相耉平山府使尹泰興○下直金井察
訪吳相鶴

　　　　　　初三日
勅令今日　府大夫人晬辰令宮內祭議李始榮問候以來宮內大臣奉勅
○謝恩內務主事李復榮農商主事姜華錫長湍府使具然泓鎭安縣監沈
能敬金郊察訪鄭道淳銀溪察訪李斌鉉

官　報　開國五百四年正月初四日
謝恩法務祭議金基龍內務主事閔玖完車學模淸州牧使李敎夏寧越
府使鄭敬源江華中軍申復均○下直博川郡守李弼永

官　報　開國五百四年二月初五日
謝恩政府祭議尹玖昊學務祭議李鳴善法務協辦李在正官報○下直彦
陽縣監鄭肯朝

官　報　開國五百四年二月初五日

○藥房日次問安　答曰知道　王太后氣候一樣王后氣候安順卿不必
入侍矣○勅令李鳴善爲內務協辦總理大臣內務大臣奉　勅○總理大
臣內務大臣은奏慶尙道의　漆谷을大邱에合ᄒᆞ오며咸鏡道의長津은
三水에合ᄒᆞ오니長津府使李奎宅은減下ᄒᆞ옵고兩道道臣에게分付
ᄒᆞ오미何如ᄒᆞ올지奉　旨依允○總理大臣內務大臣度支大臣은奏洪
州牧이匪徒를防禦ᄒᆞ와軍需의接應이浩多ᄒᆞ오니本牧甲午條應納
ᄒᆞᆯ各樣軍錢軍布를特別히劃付ᄒᆞ와本牧으로셔措處ᄒᆞ게ᄒᆞ오미何
如ᄒᆞ을지奉　旨依允又奏濟州牧使李鳳憲의膳■를見ᄒᆞ온則連年歉
荒　狀을備陳ᄒᆞ오■還耗■中에各樣上下條一千四百二十一石零은
除減ᄒᆞ옵기를得지못ᄒᆞ옵고限五年停退■還摠三千九百七十七石零
은指徵ᄒᆞᆯ處가無ᄒᆞ다ᄒᆞ오니島農을失稔ᄒᆞ야民情이可■ᄒᆞ온지라陸
■은法을設ᄒᆞ와船運ᄒᆞ야■貿遷을便케ᄒᆞ기를方議ᄒᆞ옵거니와上項
還耗■中의各樣上下條와已停退難徵條合五千三百九十八石零을並
觸蕩을許ᄒᆞ와朝家의體恤ᄒᆞᄂᆞ意를示ᄒᆞ오미何如ᄒᆞ을지奉　旨依允
○總理大臣軍務大臣은奏軍務叅議鄭雲鵬改差代에前校理任弘準으
로陞三品差下ᄒᆞ오미何如ᄒᆞ을지奉　旨依允○總理大臣內務大臣은
奏內務衙門主事未差代에前司果洪建祖로差下ᄒᆞ오미何如ᄒᆞ을지
奉　旨依允○內務大臣은奏昌城府使李象協과振威縣令黃泌秀가다
身病으로狀을呈ᄒᆞ야乞遞ᄒᆞ오니並改差ᄒᆞ오미何如ᄒᆞ올지奉　旨依
允又奏江界府使趙秉益과穩城府使沈宜春과廣州判官李純宰와江
華判官鄭選朝가箇滿ᄒᆞ오니併改差ᄒᆞ오미何如ᄒᆞ올지奉　旨依允又
奏安城郡守洪運變이不法을恣行ᄒᆞ야民狀의登ᄒᆞ기에至ᄒᆞ니爲先
罷黜ᄒᆞ옵고其罪狀은法務衙門으로ᄒᆞ야곰拿勘ᄒᆞ오미何如ᄒᆞ올지
奉　旨依允○總理大臣法務大臣은奏法務衙門主事金漢柱와金龍鉉

과閔圭政이狀을呈ᄒᆞ야乞遞ᄒᆞ오니其代에前主事張鳳煥으로差下
ᄒᆞ옵고前主事金永汶李熙憙은並起復差下ᄒᆞ오미何如ᄒᆞ올지奉　旨
依允○總理大臣內務大臣은奏任江界府使柳冀大穩城府使金禹用陞
三品安城郡守趙寧九廣州判官徐殿淳江華判官丁學敎堤川縣監金
益珍長連縣監白性基○總理大臣內務大臣은奏白翁僉使鄭圭瓚罷黜
代에前僉正趙存贊으로陞三品差下ᄒᆞ호미何如ᄒᆞ오며滿浦僉使朴
亨祜改差代에前五衛將李貞鎭으로差下ᄒᆞ오미何如ᄒᆞ올지奉　旨依
允又奏軍務衙門主事金昇濟改差代에前部將金東萬으로差下ᄒᆞ오
미何如ᄒᆞ올지奉　旨依允○軍務大臣은奏慶尙右兵使李恒의牒報ᄅᆞᆯ
見ᄒᆞ온則該兵營虞侯吳承根고箇滿代에前司果李鉉緒로■自辟ᄒᆞ고
轉奏ᄒᆞ옵기ᄅᆞᆯ報請ᄒᆞ오니此ᄅᆞᆯ依ᄒᆞ와施行ᄒᆞ오미何如ᄒᆞ올지奉　旨
依允又奏忠淸水使李鳳九의牒報ᄅᆞᆯ見ᄒᆞ온則該水營虞侯金國序가
身病이添劇ᄒᆞ와邊城守禦　職을曠ᄒᆞ오미有難ᄒᆞ옵기에罷黜ᄒᆞ고其
代에前司果尹斗炳으로■自辟ᄒᆞ고轉奏ᄒᆞ옵기ᄅᆞᆯ報請ᄒᆞ오니此ᄅᆞᆯ依
ᄒᆞ와施行ᄒᆞ오미何如ᄒᆞ올지奉　旨依允又奏濟州牧使李鳳憲의牒報
ᄅᆞᆯ見ᄒᆞ온則明月浦萬戶邵行錫身病罷黜代에出身尹志一로■自辟ᄒᆞ
고轉奏ᄒᆞ옵기ᄅᆞᆯ報請ᄒᆞ오니此을依ᄒᆞ와施行ᄒᆞ오미何如ᄒᆞ올지奉
旨依允○內務衙門本衙門主事未差代金始男○外務衙門駐美公館繙
譯官補朴鎔圭○軍務衙門蛇渡僉使柳翼潤古群山僉使趙羲觀曳下僉
使洪錫泓牛岾僉使崔祥殷三島僉使趙慶恒老江僉使朴永宰許沙僉
使李文善馬梁僉使朴宜完舒川浦僉使吳大泳安義僉使崔得彌西北
僉使南彌重潼關僉使洪碩權德積僉使權致永平南萬戶金喜林黃拓
坡萬戶李周弘仁遮外萬戶鄭尙基玉浦萬戶金景泫蛇梁萬戶徐有承
文山萬戶朴永善呂島萬戶宋德淳馬島萬戶吉永奭笠巖別將五廷旭
金城別將田龍夏三防別將李鎭煥鷲梁別將姜興俊臨津別將崔順成○

員外郞金明濬上疏大槩敢陳愚見冀蒙　採納事奉旨省疏具悉所陳當
念矣○同知中樞院事李重夏

　　　　　初六日

謝恩慶尙左兵使尹雄烈通津府使鄭寅興

官　報　開國五百四年二月初六日

勅令此次本國兵士가凱旋ᄒ니朕이甚히可悅■지라軍務衙門에勅ᄒ
야犒를宣ᄒ야■朕의眷眷■意를示ᄒ라宮內大臣奉勅

　　　　　初七日

謝恩法務主事張鳳煥軍務主事崔采鵬內務協辦李鳴善金堤郡守李
圭鳳衛率洪鍾韶

官　報　開國五百四年二月初八日

王太子殿下生辰問安　答曰知道○謝恩長連縣監白性基軍務參議任
弘準江界府使柳冀大蛇梁萬戶徐有承德積僉使權致永古羣山僉使
趙觀司饔主事朴宗琔

官　報　開國五百四年二月初九日

謝恩穩城府使金禹用安城郡守趙寧九內務主事洪建祖金始男法務
主事李熙　薦葵樹察訪禹台鼎馬島萬戶吉永奭麒麟察訪林成喆　仁
陵參奉李東夏軍務隊官金命煥舒川浦僉使吳大泳○下直蛇梁萬戶徐
有承長湍府使具然泓江華中軍申復均

官　報　開國五百四年二月初十日

謝恩軍務主事金東萬法務主事金永汶廣州判官徐殷淳牛峴僉使崔
祥殷滿浦僉使李貞鎮平南萬戶金喜林堤川縣監金益珍黃拓坡萬戶
李周弘

官　報　開國五百四年二月初十日

藥房日次文案　答曰知道　王太后一樣王后氣候安順卿不必入侍矣
○去正月二十九日奏本總理大臣內務大臣度支大臣은奏黃海監司趙
熙一分等狀本의　啓下ᄒ오신者를伏見ᄒ온則金川平山瑞興鳳山黃
州ᄂᆫ日兵來往■後에民人이擧皆驚散ᄒ와刈穫이廢棄에歸ᄒ고遂安
谷山新溪兎山은菑畬ᄂᆫ是敷ᄒ오나麰麥은失稔ᄒ오니己上九邑尤
甚■■實ᄒᆸ고海州康翎甕津安岳文化松禾ᄂᆫ田或少遜ᄒ오나畓則
食實ᄒ오니己上六邑운之次에實ᄒᆸ고延安等八邑은稍實ᄒ다謂
ᄒ오니廢棄及腐傷田災가六百七十八結十負으며廢棄畓災가一千
四百一結二負一束이라其準劃을並特許ᄒ고附陳諸條에一은本道
還摠中小米를相當■으로代捧ᄒ야明秋를待ᄒ야小米로還作ᄒᄂᆫ事
으며一은軍門納結作米가民瘼에關ᄒ니代錢으로上納ᄒᄂᆫ事오며
一은各邑所納司饔院掌樂院保米ᄂᆫ近例를依ᄒ야每石代錢二兩式
收納ᄒᄂᆫ事오며一은推奴徵債를明秋■지防塞ᄒᄂᆫ事오며一은尤甚
邑을明秋■지配所를勿定ᄒᄂᆫ事오니結政은■遞許ᄒ기縱難ᄒ으나
民情은當念ᄒ올■라當年蠲減을特許ᄒ오며附陳諸條도並依施ᄒ의
미何如ᄒ을지奉　旨依允

官　報　開國五百四年二月初十一日

宮內大臣은奏　列聖朝實錄을移奉ᄒ올吉日을日官에全泰淳으로令
ᄒ야推擇ᄒ온즉來四月二十六日이吉타ᄒ오니以此日로擧行ᄒ오
미何如ᄒ올지奉　旨以此日定行又奏任　仁陵令具晃喜奎章閣主事
鄭謹朝恭陵令金容培　獻陵令李範軾　宗廟令金永淑○宮內府鴻■
金龍圭仕滿仍其職陞六　崇德殿祭奉朴允陽　崇善殿祭奉許珏○觀
象局今十一日自未時至人定下雨測雨器水深三分○全羅道中下等光
州牧使李義性以若屢績可惜頹齡咸悅縣監宋胄憲優於慈瓊勉哉剛
克玉果縣監洪祐奭巢宜盡力歛何滋鎭安縣監黃演秀苟不自樹何以
除薈龍安縣監閔進鎬迨此炭炭無然泄泄順天監牧官全在喆受侮自
取以上中金溝縣令鄭海遠籍日被脅何至行關求禮縣監趙奎夏險去
夷就　民有　長水縣監李章鎬匪則漏網　又跋扈參禮察訪柳然稷家
近久曠齊原察訪具本淳兩　其人以上下

十二日

觀象局今十一日自人定至五更下雨測雨器水深四分○謝恩呂島萬戶
宋德淳三島僉使趙慶恒安義僉使崔得弼玉浦萬戶金景泫○下直寧越
府使鄭敬源

內務衙門令第一號

去年二月十二日에我　聖上陛下게셔我國家의獨立自主ᄒᄂᆫ基業으
로　宗廟에誓告ᄒ시며其明日에太社에詣ᄒᄉ亦然ᄒ시고因ᄒ야臣
民에게布告ᄒ시ᄂᆫ綸音을降ᄒ시니惟我大朝鮮國　大君主陛下의臣
民되ᄂᆫ者가聖意를尊奉ᄒ미可■지라大抵我大朝鮮國이本來堂堂自
主獨立國이러니中間에淸國의干涉을受ᄒ야國體를稍損ᄒ고國權
을漸傷ᄒᄂᆫ故로我　聖上陛下게셔宇內形勢를顧察ᄒ시고廓然히乾

斷를揮ᄒᆞᄉ中興ᄒᆞ시ᄂ功業으로自主獨立ᄒᆞᄂ洪基를確建ᄒᆞ야淸
國에게附依ᄒᆞ舊習을割斷케ᄒᆞ시미니國家　慶福과臣民의榮光이莫
大█지라國是가是를由ᄒᆞ야亦一定ᄒᆞ니異論이宜無ᄒᆞ터이어ᄂᆯ不良
無賴徒黨이國家의大義를忘却ᄒᆞ고尙且淸國을思慕ᄒᆞ야無根█訛言
을造ᄒᆞ야人心을煽惑ᄒᆞ고國是를撓動ᄒᆞ니此ᄂ我　聖上陛下의不忠
不敬臣民이라如此ᄒᆞ輩類ᄂ現ᄒᆞᄂ█로捉ᄒᆞ야不道國賊으로罰ᄒᆞᆯ지
니惟我大朝鮮國大小民人은我　聖上陛下의洪功을欽頌ᄒᆞ며深意를
克體ᄒᆞ야自主獨立ᄒᆞᄂ大事業을共守ᄒᆞ고訛言煽動ᄒᆞᄂ國賊이有
ᄒᆞ거든共攻ᄒᆞ기를跂望ᄒᆞ노라
開國五百四年正月五日內務大臣朴泳孝

官　報　開國五百四年二月十二日

總理大臣軍務大臣은奏此次日本國이淸國과戰端을開ᄒᆞ믄王國의
固有ᄒᆞᆫ獨立權을實認ᄒᆞ와東洋大局의平和를保維ᄒᆞᄂ意에出ᄒᆞ
오며爾後日本國兵士가海陸의大捷ᄒᆞᄂ膚功을奏ᄒᆞ오니特別이勅
使를派ᄒᆞ오셔勞問ᄒᆞ시ᄂ　聖意를宣示케ᄒᆞ오시미何如ᄒᆞ올지奉
旨依允又奏軍務衙門僉議未差代에軍務主事尙百鉉으로陞三品差
下ᄒᆞ오며沈賢澤外任代에前五衛將權瑢鎭으로差下ᄒᆞ오며主事林
成喆外任代에前司果李建榮으로差下ᄒᆞ오며格浦僉使柳█　改差代
에前五衛將金錫圭로差下ᄒᆞ오미何如ᄋᆞ올지奉　旨依允○總理大臣
法務大臣은奏法務衙門僉議有闕代에軍務主事安寧洙로陞三品差
下ᄒᆞ오며主事金永運申敬植乞遞代에前注書徐廷稷隊官鄭勳敎로
差下ᄒᆞ오미何如ᄒᆞ올지奉　旨依允○總理大臣工務署理大臣은奏工
務衙門僉義尹達榮病遞代에前主事李宗稙으로陞三品差下ᄒᆞ오미

何如ᄒ올지奉 旨依允○內務大臣은奏忠淸監司朴齊純의牒報를見
■則木川縣監鄭基鳳이曾兼召募ᄒ야不無効勞ᄒ나募兵인則納汚의
失흠이有ᄒ고籍産에傷廉■端이多ᄒ야擧措가乖當ᄒ야聽聞이可駭
ᄒ니爲先罷黜ᄒ고其罪狀을臣衙門으로轉奏稟處를請ᄒ왓사오니
似此無狀 員을字牧의列에置ᄒ지못ᄒ■사오니該縣監鄭基鳳을牒
報를依ᄒ야施行ᄒ고其罪狀은法務衙門으로拿勘ᄒ오미何如오을
지奉 旨依允○軍務大臣은奏參上宣傳官吳泰根과參下宣傳官李殷
弼이가身病으로狀을呈ᄒ고乞遞ᄒ오니改差ᄒ오미何如ᄒ올지奉
旨依允李殷弼陞六又奏全羅兵使徐丙懋의牒報를見ᄒ온則該兵營
虞侯鄭逵贊身故代에前中軍白性洙로■自辟ᄒ고轉奏ᄒ옵기를報請
ᄒ으니此를依ᄒ와施行ᄒ오미何如ᄒ올지奉 旨依允又奏江華■守
申正熙의牒報를見ᄒ온則草芝僉使金性完箇滿代에折衝宋泰爀으
로■自辟ᄒ고平安監司金晩植의牒報를見ᄒ온則城山別將金璜涉箇
滿代에出身金宜鉉으로■自辟ᄒ고咸鏡監司朴箕陽의牒報를見ᄒ온
則赴戰嶺別將姜民弘箇滿代에出身羅化龍으로■自辟ᄒ고中嶺別將
金寅珀箇滿代에出身方民豊으로■自辟ᄒ고轉奏ᄒ옵기를報請ᄒ오
니並此를依ᄒ와施行ᄒ오미何如ᄒ올지奉 旨依允又奏加里浦僉使
李範珪가莅鎭■後로君民을愛恤ᄒ야聲績이茂著ᄒ고許多擾攘에一
鎭이安堵흠은此鎭將의殫誠竭力흠이라近聞ᄒ오니遭故ᄒ엿ᄃᄒ
온즉迨此時ᄒ야遞改ᄒ오면生手를難付이오니特別이仍任ᄒ야起
復行公ᄒ옴으로分付ᄒ오미何如올지奉 旨依允○法務大臣은奏肇
慶廟令金潤鉉은赴任過限■罪로照律ᄒ온즉杖八十付過還職이오나
職旣見遞이오니勿論이옵고杖은公罪로收贖ᄒ옵ᄂ이다奉 旨依允
功減一等又奏慈山前府使李敏集이가就囚ᄒ와供辭ᄒ옵기를病情
이卒劇ᄒ와邑務를廢ᄒ엿기順川兼符를祗受못ᄒ온지라慌恐遲晚

이라ᄒᆞ오나李敏集을不應爲律로照律ᄒᆞ오미何如ᄒᆞ올자奉　旨依允
又奏完伯에牒報를보오니樊樹察訪梁柱赫은年少愚駭ᄒᆞ야貽辱朝
班오며珍島郡守申梜은性本闒劣ᄒᆞ야素稱匪窩라ᄒᆞ오며靈光監牧
官全聖煜이와樂安監牧官朴啓煥이가過期不赴任이라ᄒᆞᆸ고並令
該衙門稟處ᄒᆞ오며海伯에牒報를보오니長連縣監金近植이가覆檢
을遵行아니ᄒᆞ와亦合該衙門稟處이오니並令該道臣으로拿員ᄒᆞ여
押上ᄒᆞ오미何如ᄒᆞ을지奉　旨依允又奏前後에犯罪ᄒᆞ온守令과鎭將
이囚에就ᄒᆞ지아니ᄒᆞ오미多ᄒᆞᆸ기別單에列錄ᄒᆞ야呈入ᄒᆞᅌᅠ며各
該道臣에게發關ᄒᆞ와並爲拿員ᄒᆞ여押上ᄒᆞ게ᄒᆞ오미何如ᄒᆞ을지奉
旨依允又奏茂朱前府使尹泌求가就囚ᄒᆞ와供辭ᄒᆞᆸ기를親病으로
呈由ᄒᆞ고上京ᄒᆞ와■나曠官四朔이오니尹泌求를職役擅離■律로照
律ᄒᆞ오미何如ᄒᆞ을지奉　旨依允又奏藍浦前縣監鄭樞澤이가就囚ᄒᆞ
와供辭ᄒᆞᆸ기를請援事로招討營에躬往ᄒᆞ엿다가途道가梗塞ᄒᆞ와
還官치못ᄒᆞ여惶恐遲晚이라ᄒᆞ오나鄭樞澤을職役擅離■律로照律ᄒᆞ
오미何如ᄒᆞ을지奉　旨依允又奏安岳郡守李垠鎔이가就囚ᄒᆞ와供辭
ᄒᆞᆸ기를匪類가突入ᄒᆞ와文簿를燒燼ᄒᆞ고軍器를見失ᄒᆞ와惶恐遲
晚이라ᄒᆞ오니이李垠鎔을制書有違律로照律ᄒᆞ오미何如ᄒᆞ을지奉
旨依允公議各減一等○宮內大臣은奏　廟　社　殿　宮의凡係修改
ᄒᆞᆸᄂᆞᆫ節이苟有不涉愼重ᄒᆞ온者여던使之從便擧行케ᄒᆞ옴이何如
ᄒᆞ을지奉　旨依允○宮內大臣奏任　康陵令安淇壽奉常主事吳濚鐸
英陵令朴宗璇司饔主事李岜宰　徽陵令林百洙○外務衙門仁川港監
理　書記官兪兢煥改差代主事金彰漢主事金洛駿改差代前主事玄暎
運主事金彰漢移差代前主事兪兢煥○軍務衙門注文僉使金華植西生
僉使鄭尙鶴麟山僉使高永瓚獨仇味僉使金昌烈礪峴僉使李允學豊
山萬戶金永律安骨萬戶崔星煥元山別將朴容夏主事崔采鵬改差代

柳豐魯○法務衙門主事郭應淳病代朴勝鳳○工務衙門成歡察訪李海
龍參禮察訪具元植濟原察訪金東薰○法務衙門文義前縣令洪亮爕自
現就囚

十三日

謝恩　英陵令朴宗璇○下直金郊察訪鄭道淳三島僉使趙慶恒安義僉
使崔得弼玉浦萬戶金景泫

官　報　開國五百四年二月十四日
謝恩外務主事兪兢煥鴻█金龍圭法務叅議安寧洙

官　報　開國五百四年二月十四日
軍務大臣趙羲淵日本兵士勞問事海城地出去

十五日

謝恩工務叅議李宗稙法務主事鄭勳敎軍務主事李建榮成歡察訪李
海龍注文僉使金華植○下直淸風府使徐相耆平山府使尹泰興三水府
使柳宗秀廣州判官徐殷淳

官　報　開國五百四年二月十五日
藥房日次問安　答曰知道　王太后氣候一樣王后氣候安順卿不必入
侍矣

十六日

謝恩　獻陵令李範軾軍務叅議權瑢鎭尚百鉉外務主事沈鍾舜玄映運

江華判官鄭學敎仁川港書記官金彰漢許沙僉使李文善

官　報　開國五百四年二月十六日
勅旨軍務大臣趙羲淵日本國兵士勞問來往間軍務協辦權在衡署理
大臣事務總理大臣奉　勅
　　　　　　　十七日
謝恩奎章閣主事鄭謹朝全羅兵虞侯白性洙參禮察訪具元植南兵使許
璡　徽陵令林百洙總巡趙重錫正尉林炳吉叅尉趙羽翩法務主事朴勝鳳

官　報　開國五百四年二月十八日
謝恩麟山僉使高永瓚○下直安城郡守趙寧九堤川縣監金益珍銀溪察
訪李斌鉉

官　報　開國五百四年二月十九日
謝恩馬梁僉使朴宜完○下直樊樹察訪禹台鼎全羅兵虞侯白性洙

官　報　開國五百四年二月十九日
總理大臣內務大臣은奏關西宣諭使趙熙一이黃海監司를除拜ᄒ와
便道로任에己赴ᄒ오니宣諭事務가亦旣竣完ᄒ온지라該使■을減下
ᄒ오니何如ᄒ올지奉　旨依允又奏向者黃海道褒貶啓本을伏見ᄒ온
則白川郡守尹虁善과新溪縣令沈聖澤과松禾縣監趙重軾과殷栗縣

監朴齊洪을다罷黜로懸錄ㅎ야오■罷黜ㅎ온緣由ᄂ可稽ㅎ올牒報가
初無ㅎ온故로該道에査探ㅎ온則回報에■ㅎ오■載寧兼任松禾縣監
趙重軾과白川郡守尹蘷善과豊川府使崔丙斗와新溪縣令沈聖澤과
殷栗縣監朴齊洪을아올나薦新物種過限ㅎ온事로■罷黜狀啓를上年
十二月十九日에封發ㅎ야사오며豊川府使崔丙斗ᄂ■軍器見失ㅎ온
事로■啓聞ㅎ와罪를請ㅎ야습더니곳戴罪擧行ㅎᄂ處分을蒙ㅎ온故
로殿最를書ㅎ다云ㅎ오나莫重ㅎ온狀本을中路에浮沈ㅎ오니事體
가甚히駭然ㅎ온지라狀啓配持ᄂ該道로ㅎ야곰嚴査ㅎ와處ㅎ케ㅎ
옵고上項五邑守令의多月曠務ㅎ오믄甚히可悶ㅎ오니아올나特別
히安徐ㅎ오미何如ㅎ올지奉　旨依允○內務大臣은奏新差寧海府使
吳周泳이가遭故ㅎ야ᄉ오나此時邑務가一時可悶ㅎ오니起復ㅎ야
朝辭를除ㅎ고赴任ㅎ게ㅎ으미何如ㅎ오며穩城府使金禹用이가身
病으로狀을呈ㅎ와乞遞ㅎ오니改差ㅎ오미何如ㅎ올지奉　旨依允○
總理大臣內務大臣은奏任昌城府使尹一成穩城府使閔致驥金溝縣
令吳鼎善木川縣監趙寬在又奏全羅道가匪擾를經ㅎ오니人民安輯
ㅎᄂ道ᄂ守令에게在ㅎ온지라今番該道中考守令을並遞改ㅎ옵고
其代에各別擇送ㅎ으미何如ㅎ을지奉　旨依允○總理大臣軍務署理
大臣은奏忠淸水使李鳳九가狀을呈ㅎ야乞遞ㅎ오니依施ㅎ오미何
如ㅎ올지奉　旨依允又奏軍務衙門主事尙百鉉과安寧洙陞差代에前
監役申泰俊과前司果李熙元으로差下ㅎ오미何如ㅎ올지奉　旨依允
○總理大臣外務大臣은奏駐日本公使館叅贊官을前主事李台稙으로
差下ㅎ오니何如ㅎ올지奉　旨依允○總理大臣軍務署理大臣은奏首
陽別將金昌鼎을軍器見失ㅎ온事로黃海前兵使李容觀이論罷ㅎ야
사오나此時鎭將의曠務ㅎ오미可念이오니特別히戴罪擧行케ㅎ오
미何如ㅎ을지奉　旨依允○總理大臣度支大臣은奏度支衙門主事未

差代에 前司果金喆鉉과 前守奉官尹墉으로 差下ᄒ오미 何如ᄒ올지
奉　旨依允○軍務署理大臣은 奏近日宣傳官擧行이 此前稍閑ᄒᆞ고
員數가 减省되와 番次가 頻數ᄒ온즉 該廳事勢를 不可不念이오니 爰
上爰下와 承傳을 通融ᄒ와 每番에 二員式輪回入直ᄒ게ᄒ미 何如ᄒ
올지奉　旨依允又奏全羅監司李道宰의 牒報를 見ᄒ온則南固別將吉
興奎가 身病으로 狀를 呈ᄒ고 乞遞ᄒ온고로 不得已 罷黜ᄒ고 其代ᄂᆞᆫ
閑良李德化로■自辟ᄒ고 轉奏ᄒᆞᆼ기를 報請ᄒ오니 依此施行ᄒ오미
何如ᄒ올지奉　旨依允○法務大臣은 奏慶尙前右兵使閔俊鎬가 就囚
ᄒ와供辭ᄒᆞᆼ기를 匪類로 一城이 危急ᄒᆞᆼ기 開諭ᄒ와 禍은 免ᄒ와■
나惶恐遲晩이라ᄒ오니 制書有違律로 照律ᄒ오니 何如ᄒ지奉　旨依
允又奏怒山前府使李敏集은 順川兼符를 祇受아니■罪를 不應爲律로
照律ᄒ온즉 笞四十付過還職이오ᄂ 職旣罷黜이오니 勿論이ᆞᆸ고 笞
ᄂᆞᆫ 私罪로 收贖ᄒᆞᆸᄂ이다奉　旨依允功减一等又奏茂朱前府使尹泌
求ᄂᆞᆫ 曠官■罪를 擅離職役律로 照律ᄒ온즉 笞四十付過還職오나 職旣
見遞이오니 勿論이ᆞᆸ고 笞ᄂᆞᆫ 私罪로 收贖ᄒᆞᆸᄂ이다奉　旨依允功减
一等又奏藍浦前縣監鄭樞澤은 曠官■罪를 擅離職役律로 照律ᄒ온즉
笞四十付過還職이오ᄂ 職旣罷黜이오니 勿論이ᆞᆸ고 笞ᄂᆞᆫ 私罪로 收
贖ᄒᆞᆸᄂ이다奉　旨依允功减一等又奏安岳郡守李垠鎔文簿를 燒燬
ᄒᆞᆸ고 軍器를 見失■罪를 制書有違律로 照律ᄒ와 杖一百公罪收贖ᄒ
ᆞᆸᄂ이다奉　旨依允公議各减一等○宮內大臣은 奏任　肇慶廟令李
章憲　永懷園令閔鳳善　惠陵令崔文煥　永禧殿令安必壽○內務衙
門各道視察委員京畿道金禹用忠淸左道金貞澤右道車學模慶尙左
道洪建祖右道李秉輝全羅左道權明勳右道曹協承黃海道安宗洙江
原道金一河咸鏡道全恒基平安南道權相文北道金洛龜○外務衙門駐
剳日本公使館隨員韓永源復起劉燦○度支衙門主事未差代李命稙權

弼相趙漢晢魚浩善白南斗申昌休金重協李允鍾吳漢翼盧英鎭劉在
護邊世煥韓晚容金貞澤全恒基權相文尹泰興○軍務衙門於蘭浦萬戶
尹相鎬栗浦權管申益休主事柳豐魯改差代吳仁庚○今十二日法務衙
門奏本中珍島以珍山改付標○工務大臣申箕善上疏大槩敢陳危迫之
懇乞被誅罰之典事奉　旨省疏具悉當此艱虞之時不宜又復言私卽爲
入來肅命○員外郎鄭寅穆上疏大槩敢陳愚見冀蒙　採納事奉　旨省
疏具悉

　　　　　　　二十日
謝恩安骨萬戶崔星煥叓下僉使洪錫泓白翎僉使趙存贊○下直金堤郡
守李奎鳳馬梁僉使朴宜完平南萬戶金喜林麒麟察訪林成喆

官　報　開國五百四年二月二十日
藥房日次問安　答曰知道　王太后氣候一樣王后氣候安順卿不必入
侍矣
　　　　　　　二十一日
謝恩工務大臣申箕善　崇德殿叅奉朴允陽軍務主事申泰俊濟原察訪
金東薰西北僉使南弼重　仁陵令具晃喜喜○下直　下僉使洪錫泓麟
山僉使高永瓚○本月十七日謝恩中副尉吳聖學

官　報　開國五百四年二月二十二日
謝恩度支主事韓晚容尹泰興盧英鎭邊世煥吳漢翼奉常主事吳瀅鐸
金溝縣令吳鼎善○下直江華判官鄭學敎○宗伯府來四月初二日行
宗廟夏享大祭香祝親傳取稟奉　旨敬依

官　報　開國五百四年二月二十三日

謝恩　永懷園令閔鳳善度支主事權相文全恒基尹墒白南斗金貞澤司
饗主事李旹宰軍務主事李熙元吳仁庚獨仇味僉使金昌烈○下直長連
縣監白性基鎭安縣監沈能敬通津府使鄭寅興

官　報　開國五百四年二月二十三日

總理大臣農商大臣은奏農商協辦李采淵이遭故ᄒ다云ᄒ오니起復
行公케ᄒ오미何如ᄒ을지奉　旨依允○軍務署理大臣은奏法聖僉使
權寅夏와鐵島僉使安國良과成津僉使朴準詳과全州營將南俊元과
安東營將金好焌이가다身病으로■呈狀乞遞ᄒ오니並改差ᄒ오미何
如ᄒ올지奉　旨依允○總理大臣軍務署理忠淸水使有闕代에前承旨
趙義昌과法聖僉使有闕代에前副護軍李商協과安東營將有闕代에
前府使李庸稙으로差下ᄒ오며全州營將有闕代에別軍官金潤昌과
鐵島僉使有闕代에前僉正安浣과成津僉使有闕代에前僉正權友燮
으로並陞三品差下ᄒ오미何如ᄒ올지奉　旨依允○軍務署理大臣은
奏咸鏡道惠山同仁■波知仁遮外四鎭을三水甲山兩府에移付ᄒ야鎭
將을自各該府로自辟擧行ᄒ야合力防守ᄒ게ᄒ오미何如ᄒ올지奉
旨依允○法務大臣은奏慶尙前右兵使閔俊鎬ᄂ匪類를不爲剿捕■罪
를制書有違律로照律ᄒ와杖一百公罪收贖ᄒ옵告身盡行追奪ᄒ옵
ᄂ이다奉　旨依允又奏樂安前監牧官朴啓煥이가就囚ᄒ와供辭ᄒ옵
기를匪擾로當하여趂卽赴任치못하와惶恐遲晩이라ᄒ오니赴任過
限■律로照律ᄒ오미何如ᄒ올지奉　旨依允又奏靈光前監牧官全聖
煜이가就囚ᄒ와供辭ᄒ옵기를中路에得病ᄒ여趂卽赴任치못하와
惶恐遲晩이라ᄒ오니赴任過限■律로照律ᄒ오미何如ᄒ올지奉　旨

依允又奏木浦前萬戶宋在洙가就囚ᄒ와供辭ᄒ읍기를匪類를防禦
치못ᄒ여軍器를見失ᄒ오니惶恐遲晚이라ᄒ오나制書有違律로照
律ᄒ오미何如ᄒ올지奉　旨依允○內務衙門副護軍張建奎今可嘉善
生員梁基衡今超通政已上生員回■人依法典加資○軍務衙門蒜山僉
使趙敬權薪智島萬戶白南斗平山萬戶李尙宅禿用別將柳達周慈母
別將金成鎬○農商衙門主事任昌宰朴琮善崔浩植改差代李定儀李源
璜李允杲○法務衙門熙川前郡守具然昇自現就囚○工務大臣申箕善
上疏大槩敢陳徑行之由乞被擅離之罰事奉　旨省疏具悉卿其勿辭往
護○僉知中樞院事尹達榮金禹用

二十四日

謝恩穩城府使閔致驥　崇善殿叅奉許珏　恭陵令金容培度支主事趙
漢晳於蘭萬戶尹相鎬○下直淸州牧使李敎夏

官　報　開國五百四年二月二十五日
藥房日次問安　答曰知道　王太后氣候一樣王后氣候安順卿不必入
侍矣

二十六日

謝恩昌城府使尹一成楚山府使權用哲全州營將金潤昌

官　報　開國五百四年二月二十五日
謝恩　惠陵令崔文煥度支主事金重協農商主事李定儀○下直獨仇味
僉使金昌烈白翎僉使趙存贊於蘭萬戶尹相鎬

官　報　開國五百四年二月二十七日

謝恩工務主事朴晶奎安東營將李庸稙忠淸水使趙義昌農商主事李
源璜　宗廟令金永淑度支主事李命稙中昌休魚浩善金喆鉉〇下直古
羣山僉使趙義觀

官　報　開國五百四年二月二十七日

總理大臣內務大臣度支大臣은奏全羅監司李道宰의災實分等牒報
를見ᄒ온則珍島等十六邑은尤甚에實ᄒ옵고茂長等二十六邑鎭은
之次에實ᄒ옵고茂朱等十六邑은稍實에實ᄒ와各樣災六萬八結二
十八負一束特別準劃을許ᄒ고後錄諸條를稟旨分付ᄒ옵기로爲辭
ᄒ온지라結政을遞許ᄒ기縱難ᄒ오나暵乾■后에經擾■民情을더옥
當念ᄒ올바오니川浦沙六百二結八十九負一束과初不災九百五十
一結十四負七束과未移災六千九百二十四結五負一束과晚移災三
分二의二百三十二結七負와枯損災半分의二萬五千五百九十一結
三負七束合三萬四千三百一結十九負六束을特別히劃下ᄒ와道臣
으로야곰躬執ᄒ야精俵케ᄒ옵고附陳中一은羅州全州等十五邑鎭
限滿陳結合五千四百十八結八十六負蠲減蕩ᄒ올事는當年蠲減을
只許ᄒ오며一은沿邑通營　耗條를詳定例로■正式ᄒ을사는當年만
只許ᄒ오며一은年例箭竹과竹木物蠲減ᄒ올事오며一은拯劣米代
錢蠲蕩ᄒ올事오며一은災邑에配所를勿定ᄒ을事오니此三欸은所
報를依ᄒ와並施行ᄒ오미何如ᄒ올지奉　旨依允又奏全羅監司李道
宰의牒報를見ᄒ온則被災最尤甚興陽珍島二邑各年未納稅米太를
癸巳條■지每石三兩으로ᄒ고京納錢은待秋寬限ᄒ올事와被災尤甚
■樂安光陽海南靈嚴康津羅州順天靈光務安咸平巨文鎭三島加里浦

等邑鎭各年未納舊稅米太를ㄹ癸巳條█지每石六兩으로許代ㅎ올事
와經擾尤甚█南原錦山長興과終始守城█羅州雲峯等邑舊稅米太를
癸巳條█지每石六兩으로代捧ㅎ올事와己上邑鎭甲午條는每結十五
兩式으로減捧ㅎ올事와又被燒尤甚　錦山의燒戶五百二戶와龍潭의
燒戶四百七十戶及毀破　公廨四十四間結構改葺홀節을民家每戶에
는錢二十兩이며公廨每間에는錢三十兩으로特別히劃下홀事오니
竊伏念每石三兩六兩詳定이비록往例오나各年未納이或吏逋되오
며或官贓되오며或民未收도잇ᄉ오니萬若民未收에係ㅎ올진　는詳
定으로減價代捧ㅎ오미　足히惠下ㅎ올지로官贓이나吏逋에係ㅎ을
진則詳定으로　減ㅎ오미實로經法이아니오니未納委折을另査ㅎ야
이믜民間에收ㅎ고上納지아니　者는本價로徵納ㅎ읍고民間에收치
못ㅎ고指徵홀處가無　者는다시參酌ㅎ와施行ㅎ오며結價는이믜三
十兩二十五兩으로　定價ㅎ읍고又上年十二月二十三日에第二十六
號　勅令으로大同半減ㅎ라ㅎ오신　命이잇사오며今且該道災報를
因ㅎ야分等災를優數劃給ㅎ야사온則結價減定은更議ㅎ오미不當
ㅎ오며被燒民戶의恤典題給ㅎ오믄自是常典이온中今次被燹이可
히常例에比치못홀지오니此一欸은所請을依ㅎ야題給ㅎ압고道臣
으호ㅎ야곰方便을另籌ㅎ야施行케ㅎ오며公廨改葺은朝家指揮를
更待ㅎ라分付ㅎ오미何如ㅎ올지奉　旨依允○總理大臣法務大臣은
奏法務衙門主事宋箕鏞이呈遞代에前主事金龍鉉으로差下ㅎ오미
何如ㅎ올지奉　旨依允○總理大臣農商大臣은奏農商衙門主事朴致
雲이呈遞代에前主事吳龜泳으로差下ㅎ오미何如ㅎ올지奉　旨依允
○總理大臣工務署理大臣은奏工務衙門主事李淙遠이呈遞代에前主
事朴致雲으로差下ㅎ오미何如ㅎ올지奉　旨依允○內務大臣은奏海
伯趙熙一의█牒報를卽見ㅎ온즉新川郡守金商絢의牒呈內에賊匪千

餘名이官庭에攔入ㅎ야門戶를打破ㅎ고人家에衝火ㅎ며家産을蕩
掠ㅎ옴이無餘ㅎ온지라防守戒嚴을愼密치못ㅎ야失守에지ㅎ오니
當勘을免치못ㅎ올지라該郡守金商絢을爲先罷黜ㅎ옵고其代를各
別擇差ㅎ不日下送ㅎ옴을請ㅎ왓ㅅ오니牒報를依ㅎ와施行ㅎ오미
何如ㅎ올지奉　旨依允又奏安岳郡守李垠鎔이가身病으로狀을呈ㅎ
야乞遞ㅎ오니改差ㅎ오미何如ㅎ올지奉　旨依允○法務大臣은奏樂
安前監牧官朴啓煥은赴任過限■罪로照律ㅎ온즉杖八十付過還職이
오나職旣罷黜이오니勿論이옵고杖은公罪로收贖ㅎ옵나이다奉　旨
依允又奏靈光前監牧官全聖煜은赴任過限■罪로照律ㅎ온즉杖八十
付過還職이오ㄴ職旣罷黜이오니勿論이옵고杖은公罪로收贖ㅎ압
ㄴ이다奉　旨依允又奏木浦萬戶宋在洙는軍器見失■罪를制書有違
律로照律ㅎ와杖一百公罪收贖ㅎ옵ㄴ이다奉　旨依允又奏博川前郡
守申采熙가就囚ㅎ와供辭ㅎ옵기를曰淸交戰■時를當ㅎ와排歛이잇
다고推諉ㅎ옵고惶恐遲晩이라ㅎ오나因公擅科歛贓重律로照律ㅎ
오미何如ㅎ올지奉　旨依允又奏木川前縣監鄭基鳳이가就囚ㅎ와供
辭ㅎ압기를募兵은討匪를爲ㅎ오미며籍産은軍糧을助홈이나惶恐
遲晩이라ㅎ오니制書有違律로照律ㅎ오미何如ㅎ올지奉　旨依允又
奏綾州前牧使徐完淳이가就囚ㅎ와供辭ㅎ옵기를匪類가突入ㅎ여
軍器를見失ㅎ오니惶恐遲晩이라ㅎ오니制書有違律로照律ㅎ오미
何如ㅎ올지奉　旨依允○軍務衙門鹿島萬戶崔銓古突山別將李殷相
長山別將李章爀栗浦權官白文星○法務衙門主事朴熙鎭徐廷稷呈遞
代李麟九朴佑陽○工務衙門主事姜興秀病遞代趙義贇○同知中樞院
事張建奎僉使中樞院事梁基衡○去十九日度支衙門　啓本中主事權
弼相以直相改付標○內務衙門幼學金昌根趙君五金之壽宣成信文錫
賢吳勉宰閔致坤張錫祚張鋌梁喆河白千烈梁學龜康和賢己上今超

政士庶九十以上人

二十八日

謝恩度支主事李允鍾權直相農商主事李允杲格浦僉使金錫圭平山

浦萬戶李尙宅蒜山僉使趙敬權○下直參禮察訪具元植

官　報　開國五百四年二月二十九日

謝恩　永禧殿令安必壽　康陵令安淇壽鐵島僉使安浣○下直金溝縣

令吳鼎善濟原察訪金東薰滿浦僉使李貞鎭安骨萬戶崔星煥平山浦

萬戶李尙宅

官　報　開國五百四年二月二十九日

藥房日次問安　答曰知道　王太后氣候一樣王后氣候安順卿不必入

侍矣

三月初一日

謝恩法務主事金龍鉉

官　報　開國五百四年三月初一日

總理大臣內務大臣軍務署理大臣은奏五都■守各道監司按撫使兵水

使防禦使의所佩密兵符及各邑鎭守令邊將兵符가實地符驗이업스

온즉虛文과便同ᄒᆞ오니自今領符ᄒᆞᄂᆞᆫ例ᄅᆞᆯ廢止ᄒᆞᆸ고各道에現存

ᄒᆞ온密兵符ᄅᆞᆯ各該監營으로都聚上送케ᄒᆞ오며監■兵水營所在馬牌

도一體收上케ᄒᆞ오미何如ᄒᆞ올지奉　旨依允○內務大臣은奏本衙門

叅議南廷植과楊洲牧使黃耆淵과順興府使田愚와義興縣監成泰永
과警務官李鼎純이가俱以身病으로狀을呈ᄒ야乞遞ᄒ오니並改差
ᄒ오미何如ᄒ올지奉　旨依允○總理大臣內務大臣은奏內務衙門叅
議有闕代에前監察尹英烈로陞三品差下ᄒ오며警務官有闕代에監
禁書記蘇興文으로差下ᄒ오미何如ᄒ올지奉　旨依允○總理大臣法
務大臣은奏上年十二月二十七日에應復官者開錄上奏ᄒ을시에入
錄ᄒ기에未及ᄒ온者를　追錄上奏ᄒ와聖裁ᄒ시믈伏候奉　旨依允
復官爵秩申哲均吳晉泳朴鼎和尹錫五徐載弼吳昌模徐載昌李寅鍾
趙寵熙○總理大臣內務大臣은奏任楊洲牧使任光鎬光州牧使金敬圭
順興府使尹錫五仁同府使徐廷厚安岳郡守柳翼大草溪郡守鄭元和
信川郡守蔣鎭宇振威縣令安鼎壽玉果縣監任弘準咸悅縣監沈宜翊
求禮縣監李鳳相長水縣監兪一煥龍安縣監尹榮升○總理大臣軍務署
理大臣은奏軍務衙門叅議具周鉉任弘準外任代에前軍司馬鄭蘭敎
林殷明으로並陞三品差下ᄒ오미何如ᄒ올지奉　旨依允○法務大臣
은奏綾州前牧使徐完淳은軍器見失■罪를制書有違律로照律ᄒ와杖
一百公罪收贖ᄒ옵ᄂ이다奉　旨依允○工務署理大臣은奏西北礦務
監理李容翊이狀을呈ᄒ야乞遞ᄒ오니依施ᄒ오미何如ᄒ올지奉　旨
依允○軍務衙門伐登僉使申益休鉢浦萬戶李浩錫會寧浦萬戶嚴在永
○宮內大臣은奏　顯隆園令尹明大와　顯隆園叅奉洪俊植과　犧陵
叅奉韓喆洙와　昭寧園守奉官金益鎔과　智陵直長金元珀과　智陵
叅奉金秉祐가俱有身病ᄒ와呈狀乞遞ᄒ오니並改差ᄒ오미何如ᄒ
올지奉　旨依允○宮內大臣은奏任　顯隆園令李瑋烈掌樂主事徐
淳翊贊金裕會○宮內府　健元陵叅奉鄭元謨　禧陵叅奉李龍九　顯
隆園叅奉李允榮　昭寧園守奉官李承穆　智陵直長韓炳顯　純陵奉
事金權福　義陵叅奉吳轍林　智陵叅奉馬圖膺○兼大宗伯은奏　儲

慶宮과　毓祥宮에　展謁ᄒᆞ시믈每年季春에取稟ᄒᆞᄂ사로定式이
유ᄒᆞ오니　展謁ᄒᆞᆸ시ᄂᆞᆫ吉日를何間으로推擇ᄒᆞ올지奉　旨候降旨
　　　　　初二日
觀象局令初一日夜自四更至初二日開東下雨測雨器水深三分○謝恩
工務主事朴致雲　寧陵令趙梃

官　報　開國五百四年三月初二日
昨日總理大臣內務大臣ᄂᆞᆫ奏新差楊洲牧使任光鎬를當日下直ᄒᆞ고
곳任에赴케ᄒᆞ오미何如ᄒᆞ올지奉　旨依允○觀象局令初二日自開東
至酉時下雨測雨器水深五分
　　　　　初三日
觀象局夜自一更至初三日開東下雨測雨器水深四分
謝恩警務官蘇興文楊洲牧使任光鎬謝恩後仍爲下直

官　報　開國五百四年三月初四日
謝恩草溪郡守鄭元和軍務叅議鄭蘭敎漆原縣監吳聖模　顯隆園叅奉
李允榮玉果縣監任弘準內務叅議尹英烈　昭寧園守奉官李承穆○下
直許沙僉使李文善成歡察訪李海龍○今初一日　宮內府奏本中　智
陵叅奉以　和陵叅奉正誤

官　報　開國五百四年三月初四日
內務大臣은奏畿伯申獻求의牒報를卽見ᄒᆞ온즉陽智縣監朴敎陽이

가戶布를減報ᄒ여史奸을莫察ᄒ고還 을濫捧ᄒ여民怨을以致ᄒ와
聽聞이可駭ᄒ오니臣衙門으로奏達ᄒ와遞罷ᄒ웁고法務衙門으로
拿勘ᄒ웁기를請ᄒ왓ᄉ오니牒報를依ᄒ야施行ᄒ오미何如ᄒ올지
奉　旨依允○總理大臣內務大臣은奏任江界府使尹英烈陽智縣監徐
丙肅義興縣監金學模泗川縣監宋徵老又奏內務叅議尹英烈이外任
代에內務主事閔致完으로陞三品差下ᄒ오며內務主事閔致完이陞
差代에法務主事朴勝鳳으로差下ᄒ오미何如ᄒ올지奉　旨依允○工
務衙門平邱察訪金直均改差代本衙門主事金世顯遷轉代에前守奉
官孫永吉로差下ᄒ오미何如ᄒ올지奉　旨依允○總理大臣農商大臣
은奏上年七月後에　商理局을農商衙門에暫屬ᄒ야ᄉ오나農商衙門
에設置가旣有ᄒ온則該局은革罷ᄒ오며各道任房도一體撤罷ᄒ야
收稅等弊를嚴禁ᄒ와負袱局의作業을　隨便行上케ᄒ오미何如ᄒ올
지奉　旨依允○內務大臣은奏德川郡守朴文五가身病이有ᄒ와狀을
呈ᄒ야乞遞ᄒ오니改差ᄒ오미何如ᄒ올지奉　旨依允○宮內大臣은
奏尙衣主事金益魯와　德陵直長金世熙와　定陵直長李輔運이가俱
有身病ᄒ와呈狀乞遞ᄒ니並改差ᄒ오미何如ᄒ올지奉　旨依允○宮
內大臣奏尙衣沈吉求奉常主事張斗植○宮內府貞陵叅奉韓敬會　德
陵直長鄭載憲　定陵直長韓璋烈　淑陵奉事金錫泰　義陵奉事韓昌
和　淑陵叅奉李鍾鉉　智陵叅奉姜義臣○中樞員外郞金容範金允中
李敎相許燁以上蔭仕仕滿並陞付○法務衙門順天前郡守徐廷喆金海
前府使閔泳殷自現就囚

　　　初五日

謝恩振威縣令安鼎壽會寧浦萬戶嚴在永鹿島萬戶崔銓掌樂主事徐
淳仁同府使徐廷厚安岳郡守柳翼大求禮縣監李鳳相法聖僉使李商
協栗峯察訪林圭相○下直舒川僉使吳大泳

官　報　開國五百四年三月初五日

藥房日次問安　答曰知道　王太后氣候一樣王后氣候安順卿不必入
侍矣○總理大臣內務大臣은奏京畿監司申獻求의牒報를見ᄒ온즉抱
川公兄等이來告大小民人이今初三日에聚黨來會ᄒ야公堂에攔入
ᄒ야官長을凌逼ᄒ고境外에曳出ᄒ기에至ᄒ다ᄒ온故로該縣監丁
大英은爲先罷黜ᄒ읍고轉奏ᄒ읍기를請ᄒ오니該縣監丁大英은所
報를依ᄒ와罷黜ᄒ읍고畿營査報를待ᄒ와其罪狀은法務衙門으로
ᄒ야곰拿問重勘ᄒ오며抱川縣監의代ᄂᆞᆫ前縣監趙昌鎬로差下ᄒ와
仍令當日下直ᄒ오미何如ᄒ올지奉　旨依允又奏海西匪擾가更起ᄒ
야該道로셔剿討를方行ᄒ읍ᄂᆞᆫ■該道守令中文化縣令徐九淳과殷栗
縣監朴齊洪이受由上京ᄒ와오　還官치아니ᄒ온즉曠務가　可悶ᄒ
오니並故改差ᄒ읍고文化縣令의代에前僉使洪在駿과殷栗縣監의
代에前公事官李鉉鶴으로　差下ᄒ야仍令當日下直ᄒ오미何如ᄒ올
지奉　旨依允○內務衙門警務廳監禁書記蘇興文陞差代朴浩錫

　　　　　初六日

謝恩信川郡守蔣鎭宇龍安縣監尹榮升軍務叅議林殷明內務主事朴
勝鳳法務主事朴佑陽工務主事趙義　○下直草溪郡守鄭元和會寧浦
萬戶嚴在永

官　報　開國五百四年三月初六日

殷栗縣監李鉉鶴謝恩後仍爲下直

　　　　　初七日

謝恩平邱察訪金世顯工務主事孫永吉咸悅縣監沈宜翊　和陵叅奉馬
圖䳜警務廳監禁書記朴浩錫農商主事吳龜泳光州牧使金敬圭江界

府使尹英烈○文化縣令洪在駿謝恩後仍爲下直○下直格浦僉使金錫
圭注文僉使金華植馬島萬戶吉永爽

官　報　開國五百四年三月初八日
謝恩內務叅議閔致完　禧陵叅奉李龍九尙衣主事沈吉求奉常主事張
斗植○抱川縣監趙昌鎬謝恩後仍爲下直○下直呂島萬戶宋德淳漆原
縣監吳聖模安岳郡守柳冀大法聖僉使李商協

官　報　開國五百四年三月初九日
謝恩西生僉使鄭尙鶴○下直慶尙左兵使尹雄烈信川郡守蔣鎭宇

官　報　開國五百四年三月初十日
謝恩　顯隆園令李璋烈○下直忠淸水使趙義昌西生僉使鄭尙鶴

官　報　開國五百四年三月初十日
藥房日次問安　答曰知道　王太后氣候一樣王后氣候安順卿不必入
侍矣
　　　　　十一日
謝恩陽智縣監徐丙肅○下直穩城府使閔致驥鹿島萬戶崔銓德積僉使
權致永西北僉使南弼重

官　報　開國五百四年三月初十一日

宗伯府前判書金蘊淳去十一月十七日卒逝前叅判徐相鳳十二月二十三日卒逝前判尹閔敬鎬今正初三日卒逝知中樞院事洪　正月十四日卒逝前判書李敦夏二月十七日卒逝判中樞院事洪鍾軒二月二十日卒逝前掌令金學魯身死事

　　　　　　十二日

謝恩長水縣監兪一煥○下直楚山府使權用哲

官　報　開國五百四年三月初十二日

總理大臣內務大臣度支大臣은奏忠淸監司朴齊純의甲午年分災實牒報를見ᄒ온則公州等二十七邑鎭은尤甚에實ᄒ옵고燕岐等十七邑은之次에實ᄒ옵고懷德等十一邑은稍實에實ᄒ야各樣災頉一萬二千三百八十四結五十九負六束을稟旨準劃ᄒ기를請ᄒ와ᄉ오며又天安稷山平澤牙山等四邑의被燹蹂躪■狀을陳ᄒ와各樣災外限二千結을拔例劃下ᄒ야被棲遑失所■民을慰케ᄒ기로爲辭ᄒ온지라覆沙災九百五十二結六十五負四束과海溢及晩移災三分의二에三千三百六十五負四束과枯損半分에一千八百九十六結七十六負七束과雹損蹲縮蟲損蟹損災三分의一에八百六十四結七十負七束合七千七十六結九十八負五束을特別히劃下ᄒ와道臣으로ᄒ야곰躬執ᄒ야精俵케ᄒ옵고天安等邑別請ᄒ온災ᄂ名目을不立ᄒ오니許施ᄒ오미不可ᄒ오나經擾　民情을實로顧恤ᄒ오미合ᄒ오니其中燹을被ᄒ기最甚■村里ᄂ昨秋冬과今春夏等戶布를全數히減給ᄒ옵고附陳■中漁鹽船稅ᄂ甲午秋와乙未春等條를아올너今秋■지停退ᄒ옵고十二邑鎭年例箭竹은特別히蠲減ᄒ옵고尤甚邑은今秋■지配所를

勿定ᄒ올지事오니所請을依ᄒ야倂許施ᄒ오미何如ᄒ올지奉　旨依
允○總理大臣度支大臣은奏八道所在各樣還을其名目을社還이라改
稱ᄒ야地方官이干涉지말게ᄒ고民으로ᄒ야금■■하야耗를除ᄒ고
其條例ᄂ度支衙門으로定ᄒ야各道에分付ᄒ오미何如ᄒ올지奉　旨
依允○總理大臣內務大臣은奏德川郡守有闕代에博川郡守李弼永으
로移差ᄒ옵고博川郡은嘉山郡에合ᄒ오미何如ᄒ올지奉　旨依允○
總理大臣軍務署理大臣은奏忠淸兵使李長會가狀을呈ᄒ야乞遞ᄒ
오니改差ᄒ오미何如ᄒ올지奉　旨依允○勅令李敎駿爲忠淸兵使總
理大臣軍務署理大臣奉　勅　軍務署理大臣은奏訓戎僉使李禧根이
身病으로■呈狀乞遞ᄒ오니改差ᄒ오미何如ᄒ올지奉　旨依允○總
理大臣軍務署理大臣은奏訓戎僉使有闕代에折衝宋憙純으로差下
ᄒ오미何如ᄒ올지奉　旨依允○總理大臣法務大臣은奏上年湖南匪
擾가古阜에서始起ᄒ오미其時郡守趙秉甲의貪虐不法ᄒ므로由ᄒ
으민■卽令匪魁가次苐就擒ᄒ야査辦ᄒ옵ᄂ지라古今島安置罪人趙
秉甲을道臣으로ᄒ야곰派員押上ᄒ야査覈ᄒ오미何如ᄒ올지奉　旨
依允○內務大臣은奏풍川府使崔丙斗가身病이有ᄒ와狀을呈ᄒ야乞
遞ᄒ오니改差ᄒ오미何如ᄒ올지奉　旨依允○法務大臣은奏文義縣
令洪亮燮이가供辭ᄒ옵기를身爲守宰ᄒ야東匪를衵護■名을得ᄒ와
惶恐遲晩이라ᄒ오니劫囚條未得囚者減二等律로照律ᄒ오미何如
ᄒ올지奉　旨依允又奏大同前察訪盧觀夏가就囚ᄒ와供辭ᄒ옵기를
因病曠官ᄒ와至於啓罷ᄒ온즉惶恐遲晩이라ᄒ오니擅離職役律로
照律ᄒ오미何如ᄒ올지奉　旨依允○昌完君趙秉直○內務衙門水原
監牧官金鎭泰○軍務衙門伐登僉使朴濟龍古豊山僉使黃容信特寨僉
使金永植助泥萬戶鄭載贊西水羅萬戶康鳳錫三田渡別將朴鼎夏○法
務衙門主事朴勝鳳移差代金範鎭李麟九病代兪相五○工務衙門輸城

察訪金基興○法務衙門陜川前郡守閔致純自現就囚

十三日

謝恩甑山縣令李鳳宇○下直光州牧使金敬圭

官　報　開國五百四年三月初十四日

謝恩　貞陵叅奉韓敬會翊贊金裕曾

官　報　開國五百四年三月初十五日

謝恩忠清兵使李敎駿金川郡守韓信賢訓戎僉使宋悳純○下直陽智縣監徐丙肅長水縣監兪一煥振威縣令安鼎壽

官　報　開國五百四年三月初十五日

藥房日次問安　答曰知道　王太后氣候一樣王后氣候安順卿不必入侍矣○總理大臣內務大臣度支大臣은奏西北別付料와濟州子弟給料寓明人子孫所給料祿을今年으로붓터並停止ᄒ오미何如ᄒ올지奉旨依允○內務大臣은奏比安縣監郭鍾錫과麟蹄縣監趙漢根이身病이有ᄒ와狀을呈ᄒ야乞遞ᄒ오니改差ᄒ오미何如ᄒ올지奉　旨依允○總理大臣內務大臣은奏任豊川府使安浚麟蹄縣監權溶鎭○總理大臣內務大臣法務大臣은奏去月十二日에法務衙門奏本으로湖南軍器見失　守令을拿員押上ᄒ올事로蒙允ᄒ야ᄉ오나別單中樂安郡守張敎駿과沃溝縣監金疇鎬와南海縣令李圭豊과全州判官申永休가時任守令이온則拿勘間曠務ᄒ옵기可悶ᄒ오니特別히並安徐ᄒ오미

何如ᄒᆞ올지奉　旨依允〇法務大臣은奏文義前縣令洪亮燮은匪類를
袒護■罪를劫囚未得因減二等律로照律ᄒᆞ와杖九十私罪收贖追奪告
身四等ᄒᆞ옵고忠淸道永春縣吾賜驛에徒二年半定配ᄒᆞ옵ᄂᆞ이다奉
旨依允功減一等又奏大同前察訪盧觀夏ᄂᆞᆫ曠官■罪를擅離職役律로
照律ᄒᆞ온則笞四十付過還職이오ᄂᆞ職旣罷黜이오니勿論이옵고笞
은私罪로收贖ᄒᆞ옵ᄂᆞ이다奉　旨依允〇同知中樞院事黃耆淵李長會
〇內務衙門警務廳總巡魏洪奭改差代李源學〇外務衙門釜山港繙譯
官補金洛駿代宋運鐘〇軍務衙門宣沙浦僉使任得文古城僉使金春根
元山別將朴孝源劍山別將李行烈黃龍別將韓光國〇工務衙門景陽察
訪金喆善保安察訪趙彰漢桃源察訪徐恒輔幽谷察訪芮宗錫復起〇法
務衙門肅川前府使申德均自現就囚〇農商大臣嚴世永上疏大槩職旣
■久虛瘝滋悚敢陳衷懇冀蒙恩諒事奉　旨省疏具悉所請依施〇草土
臣李采淵上疏大槩敢陳情私慟迫之誠冀蒙　成命收回之恩事奉　旨
省疏具悉此時未可　守常制卽爲入來行公

十六日

謝恩度支祭議嚴柱興〇下直昌城府使尹一成玉果縣監任弘準

官　報　開國五百四年三月初十六日

宮內府協辦金宗漢上疏大槩敢陳實病難强之狀冀蒙見職亟遞之　恩
事奉　旨省疏具悉此時言病有涉具文卿其勿辭行公

十七日

謝恩　健元陵祭奉鄭元謨法務主事金範鎭總巡李源學輪城察訪金基
興〇下直蒜山僉使趙敬權求禮縣監李鳳相金川郡守韓信賢

官 報 開國五百四年三月初十七日

軍務叅議朴準成兩湖宣問犒饋後入來

十八日

謝恩釜山港繙譯官補宋連鍾幽谷察訪芮宗錫礪峴僉使李允學○下直甑山縣令李鳳宇栗峯察訪林圭相

官 報 開國五百四年三月初十八日

總理大臣內務大臣은奏黃海監司趙熙一의牒報를見ᄒ온則甕津府使具然八長淵府使尹亨大豐川府使崔丙斗康翎縣監柳灌秀가月令靑魚進上不封 事로罷黜을請ᄒ온지라道臣의所報가事體를寔存ᄒ오미나此時各邑迎送이可悶ᄒ오니甕津長淵康翎三邑守令은特別히安徐ᄒ옵고豐川府使崔丙斗ᄂ已遞ᄒ야ᄉ오니勿論ᄒ오미何如ᄒ올지奉旨依允又奏比安縣監有闕代에 軍務叅議尙百鉉으로差下ᄒ오미何如ᄒ올지奉 旨依允又奏今次更張ᄒᄂ時를當ᄒ와可히冗員을裁減ᄒ올지라從前外道에差送ᄒ옵ᄃ審藥■員寫字官譯學等人員을並減下ᄒ오미何如ᄒ올지奉 旨依允○總理大臣內務大臣은奏同知中樞院事閔泳柱가本來無賴 流로悖類를締結ᄒ야京鄕人民의財産을攘奪ᄒ오미不可勝記ᄒ와稔惡이旣久ᄒ怨毒이溢世ᄒ오니此ᄂ一國의武斷元惡이라法에在ᄒ야罔赦오니法務衙門으로ᄒ야곰拿囚懲辦ᄒ오미何如ᄒ올지奉 旨依允○內務大臣은奏箕伯에牒報를卽見ᄒ온則祥原郡守中栢이莅任 지半載에政出多門의自行自止에民生의休戚을可知라公錢을委諸吏鄕ᄒ야輒致欠逋ᄒ고簿牒를坐如朔偶ᄒ야懵不覺察ᄒ오니使此疲軟迷劣■人으로字牧의例에置ᄒ오미不可ᄒ오니爲先罷黜ᄒ옵고其罪狀을臣衙門을稟處를請ᄒ왓ᄉ오니祥原郡

守中栢의溺職■罪狀은法務衙門으로拿勘ᄒ오며其代를各別擇差ᄒ
야催促下送ᄒ오미何如ᄒ올지奉　旨依允○法務大臣은奏木川前縣
監鄭基鳳은更審ᄒ온즉募兵納汚와籍産傷廉이其責을難免이읍기因
公擅科歛贓重律로照律ᄒ와杖八千私罪收贖追奪告身三等ᄒ읍고忠
淸道沔川郡順城驛에徒二年定配ᄒ읍ᄂ이다奉　旨依允功減一等又
奏煕川前郡守具然昇이가供辭ᄒ읍기를該犯의金仲浩가師律을犯ᄒ
읍기嚴刑을ᄒ와오나惶恐遲晩이ᄒ오니具然昇을濫杖致死律로照律
ᄒ오미何如ᄒ올지奉　旨依允又奏安城前郡守洪運燮이가就囚ᄒ와
供辭ᄒ읍기를不能盡職ᄒ와至登民狀ᄒ오니惶恐遲晩이라ᄒ오ᄂ制
書有違律로照律ᄒ오미何如ᄒ올지奉　旨依允又奏陽智前縣監朴敎
陽이가就囚ᄒ와供辭ᄒ읍기를戶布는初無論報이읍고還■은實無濫
捧이오ᄂ惶恐遲晩이ᄒ오니因公擅科歛贓重律로照律ᄒ옴미何如ᄒ
올지奉　旨依允又奏刑律에近地定配ᄒ읍는거시解弛ᄒ와懲戢이못
되오니從今으로近地定配는勿施ᄒ오며私罪를犯ᄒ오면輕重을叅互
ᄒ와罰金과免職과監禁과島配와懲役과死刑에付ᄒ오며公私罪를勿
論ᄒ읍고笞杖을收贖ᄒ올터이오면每一箇에雇丁의一日雇錢例를倣
ᄒ와收贖ᄒ오미何如ᄒ올지奉　旨依允○判
中樞院事嚴世泳
　　　　　十九日
謝恩保安察訪趙彰漢○下直輪城察訪金基興訓戎僉使宋熹純○觀象
局今十八日夜自四更至十九日開東下雨測雨器水深二分

官　報　開國五百四年三月十九日
觀象局今十九日自開東至午時下雨測雨器水深三分

　　　　二十日

謝恩豐川府使安浚麟蹄縣監權溶鎭

官　報　開國五百四年三月　二十日

藥房日次問安　答曰知道　王太后氣候一樣王后氣候安順卿不必入
侍矣

　　　　二十一日

無公事

官　報　開國五百四年三月二十二日

謝恩比安縣監尙百鉉西水羅萬戶康鳳錫○下直龍安縣監尹榮升

官　報　開國五百四年三月二十二日

總理大臣軍務署理大臣은奏軍務衙門祭의有闕代에前府使安昌壽
前府使柳敦秀前五衛將李周會로差下ᄒ오며軍務衙門主事改差代
에前守奉官洪淳明으로差下ᄒ오미何如ᄒ올지奉　旨依允○總理
大臣法務大臣은奏法務衙門主事金範鎭이乞遞代에前都事趙敬植
으로差下ᄒ오미何如ᄒ올지奉　旨依允又奏判中樞院事趙秉式이
藩臬에屢任ᄒ와貪殘無厭ᄒ야虐威로民財를攘奪ᄒ기에生命을濫
殺ᄒ오미多ᄒ오며又此를因ᄒ와亂萌을激發ᄒ오當律를未勘ᄒ와
公議가咈■ᄒ오니法務衙門으로ᄒ야곰拿問ᄒ야原贓을追徵ᄒ온
後에勘處ᄒ오며古今島島配罪人趙弼永은多年督運으로苛酷을專

事ᄒᆞ와毒을一省에流ᄒᆞ야匪亂을釀成ᄒᆞ온지라其罪를己往島配ᄒᆞ
므로仍置ᄒᆞ을길업ᄉᆞ오니道臣으로ᄒᆞ야곰押上ᄒᆞ야薖問을更加ᄒᆞ
오미何如ᄒᆞ올지奉　　旨依允○軍務署理大臣은奏神光僉使朴樞鎭
이除拜九朔에任에付치아니ᄒᆞ온즉事體을揆ᄒᆞ오■仍置ᄒᆞ오미可
치아니ᄒᆞ오니改差ᄒᆞ오미何如ᄒᆞ올지奉　　旨依允○法務大臣은奏
熙川前郡守具然昇은濫杖ᄒᆞ야致死■罪를濫刑因而致死律로照ᄒᆞ
와杖一百私罪收贖告身盡行追奪ᄒᆞᆸ고永不叙用ᄒᆞᆸᄂ이다奉
旨依允又奏安城前郡守洪運燮은不能盡職■罪를制書有違律로照
ᄒᆞ와杖一百私罪收贖ᄒᆞᆸ고告身盡行追奪ᄒᆞᆸᄂ이다奉　　旨依允
功減一等又奏陽智前縣監朴教陽은還■濫捧■罪를因公擅科歛贓
重律로照ᄒᆞ와杖一百私罪收贖ᄒᆞᆸ고告身盡行追奪ᄒᆞᆸᄂ이다奉
旨依允○軍務衙門赤梁僉使李以貞蛇渡僉使朴容夏伐登僉使姜泰
學金甲島萬戶金綺鉉安原萬戶金洪練主事崔丙斗改差代秋時安○宗
事奉　　旨省疏具悉所請依施○前正字鄭錫五上疏大槩敢陳嬌捄愚衷
冀蒙採納事奉　旨省疏具悉
　　　　　二十三日
下直鐵島僉使安浣礪峴僉使李允學

官　報　開國五百四年三月二十三日
昨日　勅命農商大臣疏遞農商協辦李采淵署理大臣事務總理大臣奉 勅
　　　　　二十四日
謝恩內務主事金人碩軍務主事洪淳明○下直黃拓坡萬戶李周弘牛峴
僉使崔祥殷

官　報　開國五百四年三月二十四日

勅令　令宮內協辦金宗漢國太公行次所問　候以來宮內協辦金宗漢
奉　勅

　　　　　二十五日

藥房日次問安　答曰知道　王太后氣候一樣王后氣候安順卿不必入
侍矣○昨日總理大臣法務大臣은奏法務衙門罪人趙龍承高宗柱等의
招辭를卽見ᄒ온則情節이陰■ᄒ와關係가莫嚴ᄒ오니此ᄂ■刻을容
貸ᄒ오미可치아니ᄒ온지라嚴覈을亟加ᄒ야得情케ᄒ고宗正鄕李
埈鎔은名이囚供에出ᄒ오니查質을行호미合ᄒ온지라法務衙門으
로ᄒ야곰拿來ᄒ와因ᄒ야特別法院을設ᄒ와審問ᄒ오미何如ᄒ올
지奉　旨依允○總理大臣軍務署理大臣은奏前日竹山府에敎導所兵
丁一小隊를上疏蒙允ᄒ와調發ᄒ야습더니竹山府使李斗璜의牒報
를見ᄒ온즉賊徒가四散ᄒ와仍無現露라ᄒ오니調發■京兵을撤還ᄒ
오미何如ᄒ올지奉　旨依允又奏神光僉使有闕代에前司果趙正敎로
陞三品差下ᄒ오미何如ᄒ올지奉　旨依允○內務大臣은奏新昌縣監
崔在鶴과利原縣監金容觀이身病이有ᄒ와狀을呈ᄒ야乞遞ᄒ오미
並改差ᄒ오미何如ᄒ올지奉　旨依允又奏東伯金升集의牒報를卽見
ᄒ온則橫城縣監柳東根이ᄉ람이無識沒覺ᄒ고셩品이頑悍橫猾ᄒ
와恣行不法이多有入聞ᄒ옵고赴任以後에查徵錢이一萬一千兩이
옵고民貸用下餘米六十八石七斗九升을稱托砲粮ᄒ고乾沒ᄒ와ᄉ
오니政治에貪虐ᄒ옵고擧措가駭妄ᄒ오니爲先罷黜ᄒ옵고其罪狀
을臣衙門으로奏聞勘處를請ᄒ와ᄉ오니該縣監柳東根을牒報를依
ᄒ와罷黜ᄒ옵고法務衙門으로拿問嚴勘ᄒ오미何如ᄒ올지奉　旨依
允○軍務署理大臣은奏第一訓練隊叅領申泰休始爲減下ᄒ고其代ᄂ
該隊正尉申應熙로陞差ᄒ옵고正尉申應熙陞差代ᄂ前領官南萬里

로差定ᄒ오미何如ᄒ올지奉 旨依允又奏新差赤梁僉使李以貞의家
는本道大邱地에在ᄒᆞ옵고古豐山僉使黃容信의家는本道會寧地에
在ᄒᆞ오니並除朝辭ᄒ고赴任홈으로各該道臣處에分付ᄒᆞ오미何如
ᄒ올지奉 旨依允○工務衙門安奇察訪朴勝龍○領中樞院事金炳始
劄子大槩冒控病實冀蒙矜諒事奉 旨省劄具悉卿懇愼節奉慮所辭兩
銜今姑勉副卿其安心調理事遣政府郎傳諭○領中樞院事趙秉世劄子
大槩敢陳實病乞 賜並解事奉 旨省劄具悉卿懇愼節奉慮所辭兩銜
今姑勉副卿其安心調理事遣政府郎傳諭○領中樞院事鄭範朝劄子大
槩敢控病實乞 賜處分事奉 旨省劄具悉卿懇今日鎭民心定國是之
道端資卿宿德以爲輕重議長之任不必爲辭卿其諒之事遣政府郎傳
諭○前掌令咸遇復上疏大槩敢陳蕘說冀蒙 荃聽事奉 旨省疏具悉
二十六日
謝恩軍務叅議李周會

官　報　開國五百四年三月二十六日
法務大臣은奏同知中樞院事李泰容이行己鄙悖ᄒ와罪囚供辭에出
ᄒ여ᄉ오니臣衙門으로拿來ᄒ와審問ᄒᆞ오미何如ᄒ올지奉 旨依允
二十七日
謝恩安奇察訪朴勝龍

官　報　開國五百四年三月二十八日
謝恩正尉南萬里第一訓練大叅領申應熙○下直咸悅縣監沈宜翊安奇
察訪朴勝龍

官　報　開國五百四年三月二十八日

勅令　宮內大臣李載冕調病間協辦金宗漢署理大臣事務宮內協辦金
宗漢奉　勅
　　　　　　二十九日
謝恩軍務叅議安昌壽法務主事兪相五伐登僉使姜泰學

官　報　開國五百四年三月二十九日

勅令謝恩下直等外庭行禮를開國五百四年四月一日로붓터廢止ㅎ
고陳賀問安等節은別定以入ㅎ라宮內署理大臣金宗漢奉　勅○勅令
自今公私禮服中褡護를除ㅎ고進宮時■帽靴絲帶를用ㅎ고周衣는官
民이一體로黑色類를從ㅎ라○總理大臣內務大臣은奏自今僧徒의入
城■는舊禁을弛ㅎ오미何如ㅎ올지奉　旨依允○總理大臣法務大臣
은奏犯罪官員의照律ㅎ올時에功과議를付ㅎ옵는거시特別히朝家
의軫念이오나先代의功議로罪犯을減ㅎ옵는거시有欠公法이오니
從今으로功議付ㅎ는例를公罪外에는廢ㅎ오미何如ㅎ올지奉　旨依
允又奏犯贓　藩梱과守宰就囚가多ㅎ오ᄂ法意를罔念ㅎ고經歲토록
拒納을專事ㅎ오니無憚이莫甚中仁同前府使李紹榮은公錢을挪貸
ㅎ옵고寧海前府使金瀗秀는犯贓ㅎ온罪로旣爲發配ㅎ와勘罪ㅎ야
는右兩囚가見今에挪貸와犯贓을首先畢納ㅎ와■오니叅恕ㅎ옵는典
이無ㅎ길옵ᄉ온지라己配■거슬解ㅎ옵고特減其罪ㅎ와放逐卿里ㅎ
오미何如ㅎ올지奉　旨依允又奏犯罪囚를勘處ㅎ올시에먼져議處ㅎ
옵고後에照律ㅎ오미擧行에審愼ㅎ온일이오나反涉煩屑ㅎ오니從
今으로議處에照律을兼ㅎ야ㅎ오미何如ㅎ올지奉　旨依允○總理大
臣軍務署理大臣은奏兩湖의匪氛이己淨ㅎ오니湖沿湖南兩招討使

를並減下ᄒ오미何如ᄒ올지奉　旨依允○總理大臣內務大臣은奏珍
島府使有闕代에　內務衙門紊議李㻶과新昌縣監有闕代에內務衙門
紊議李日贊과橫城縣監有闕代에工務衙門紊議具然詔로差下ᄒ오
미何如ᄒ올지奉　旨依允○總理大臣法務大臣은奏法務衙門紊議金
基龍安寧洙改差代에前杖理趙漢復과法務衙門主事金龍鉉으로並
陞三品差下ᄒ오미何如ᄒ올지奉　旨依允○總理大臣內務大臣은奏
元山港警務官李起泓의警務廳에報來■牒을見ᄒ온則咸營校屬이討
索錢票를지ᄒ고本港商民金學圭家에來ᄒ야督促ᄒᄂ故로營屬을
拘■馳報ᄒ야ᄉ온營屬의討索ᄒ미該道監司의所使로供招에亦出ᄒ
다ᄒ지라咸鏡監司朴箕陽을免職ᄒᄂ典으로詩ᄒᆸ고其罪狀은上
來ᄒ기를待ᄒ와法務衙門으로ᄒ야곰拿問ᄒ야處ᄒ오미何如ᄒ올
지奉　旨依允○內務大臣은　奏本衙門紊議閔致完이身病으로狀을
呈ᄒ와乞遞ᄒ오니改差ᄒ오미何如ᄒ올지奉　旨依允○總理大臣內
務大臣은奏內務衙門紊議李㻶李日贊外任代와閔致完乞遞代에內
務衙門主事朴勝鳳과警務官劉世南과前府使南宮檍으로並陞三品
差下ᄒᆸ고警務官劉世南移差代에權任總巡金貞植으로差下ᄒ오
미何如ᄒ올지奉　旨依允○軍務署理大臣은奏任紊領禹範善正尉李
軫鎬玄興澤正尉正尉兼餉官任炯準副尉兼副官李承圭副尉李敏宏
李謙濟崔永學紊尉朴齊範趙義範金龜鉉權在鎔○法務大臣은奏珍山
前郡守申梜이가就囚ᄒ와供辭ᄒᆸ기를身爲守宰ᄒ와匪類를防禦
치못ᄒ야ᄉ오니惶恐遲晚이라ᄒᆸ기　制書有違律로照ᄒ오미何如
ᄒ올지奉　旨依允又奏匪類의全琫準孫化中崔慶善成斗漢金德明等
을臣衙門으로拿囚究訊ᄒ와情節을自服ᄒ온故로大典會通推斷條
에軍服騎馬作變官門을照ᄒ와絞刑에處ᄒᆸᄂ이다奉　旨依允○工
務衙門黃海道檢礦委員鄭在倫方漢德朴元泰平安道檢礦委員金一

淵朴彦鎭崔浚李鍾夏李鼎相咸鏡道檢礦委員金教行劉秉律吳慶然
江原道檢礦委員劉錫曹秉璜崔雄昌樂察訪鄭漢永金泉察訪金夏震
延曙察訪邊庚善重林察訪李春榮慶安察訪朴琦桓青丹察訪朴琮烈省
峴察訪柳枝秀連原察訪具然㵡長水察訪柳泰賢景陽察訪宋秉華迎華
察訪朴漢俊○觀象局二十九日自時巳至酉時下雨測雨器水深五分

三十日

謝恩神光僉使趙正教○下直南兵使許璉

官　報　第一號　開國五百四年四月一日　木曜　內閣記錄局官報課

勅令

朕이　公使館領事館費用令을裁可ㅎ야頒布케ㅎ노라

大君主　御押　御璽

開國五百四年三月二十九日

內閣總理大臣金弘集
外務大臣　　金允植
度支部大臣　魚允中

勅令第六十一號

○公使館領事館費用令

第一章　俸給

第一條　外交官領事館公使館書記生及領事館書記生의俸給은本令
에依홈

外交官領事館公使館書記生及領事館書記生의俸給은本俸及加
俸의二種으로

第二條　外交官領事館公使館書記生及領事館書記生의本俸은別表

에依홈

第三條　本俸은外國에派駐ᄒᆞᄂᆞᆫ時에別表第一號及第二號에依ᄒᆞ야
任處到　達ᄒᆞᄂᆞᆫ翌日로붓터給홈

任處到達日가지ᄂᆞᆫ　本俸三分의一을給홈

第四條　特命全權公使辦理公使代理公使公使館一等叅書官總領事
公使館　二等叅書官及領事가其妻를任處에帶同ᄒᆞ거나或招往ᄒᆞᄂᆞᆫ
者에게　ᄂᆞᆫ其妻가任處에到達ᄒᆞᄂᆞᆫ翌日로붓터現受ᄒᆞᄂᆞᆫ本俸의十分
의二增給홈

第五條　外交官及公使館書記生이兼任國駐在에當ᄒᆞ야ᄂᆞᆫ到達ᄒᆞᄂᆞᆫ
翌日로　發程ᄒᆞᄂᆞᆫ前日가지其日數에應ᄒᆞ야每一日에左例로本俸을
增給홈

特命全權公使	八元
辦理公使	七元
代理公使	六元
公使館一等叅書官	五元
公使館二等叅書官	五元
公使館三等叅書官	四元
公使館書記官	三元

第六條　歸朝ᄒᆞᄂᆞᆫ命을受■者又給由로歸朝의許可를受■者ᄂᆞᆫ任處發
程ᄒᆞᄂᆞᆫ　前日가지本俸全額을給ᄒᆞ고其日以後ᄂᆞᆫ本俸三分一을給홈

轉駐命을得ᄒᆞ거나轉官ᄒᆞᄂᆞᆫ者ᄂᆞᆫ其事務傳受ᄒᆞᄂᆞᆫ前日가지前本俸
을給ᄒᆞ고其日로붓터新任處到達日가지ᄂᆞᆫ本俸三分一外에第二十
一條를依ᄒᆞ야日費를給ᄒᆞᄂᆞ니但同地內에셔轉官ᄒᆞᄂᆞᆫ者ᄂᆞᆫ此限에
在치아니홈

第七條　轉駐又歸朝의命을受■者又轉官■者에本俸全額或其滯■

中日費를給호믄其命令接到日로三週間을限ᄒᄂ니但特別命令잇
ᄂ時와身病으로本部大臣의許可를得ᄒ야滯■ᄒᄂ者ᄂ此限에在치
아니홈

第八條　任處에셔退官ᄒᄂ者ᄂ其命令接到日ᄀ지本俸을給홈

任處에셔身故ᄒᄂ時ᄂ其日ᄀ지前本俸을給홈

第九條　本俸은全額을十二에分ᄒ야每月에給ᄒ고但閏月잇ᄂ歲ᄂ
十三에分홈

第十條　加俸은本俸外에左開ᄒᄂ規程에依ᄒ야給홈

一　本國으로셔新任地에赴ᄒᄂ時에特命全權公使辦理公使代理公
使ᄂ其本俸二個月條其他外交官領事館公使館書記生及領事館書
記生은一個月有半月條

二　轉駐又轉官ᄒᄂ時ᄂ其本俸一個月條但同一地內에셔轉官ᄒᄂ
者ᄂ此限에在치아니홈

三　歸朝命을受　者又給由로歸朝의許可를得■者ᄂ其本俸一個月條
　　歸朝命을受■者가再度赴任ᄒᄂ時도亦同홈

四　本條第一第二第三의境遇를當ᄒ야特命全權公使辦理公使代理
公使公使館一等叅書官總領事公使館■二等叅書官及領事가其妻를
帶同　ᄂ時에ᄂ다시本俸一個月條但招往或送歸ᄒᄂ時에ᄂ各一回
를限ᄒ야本項額을給홈

第十一條　　孤駐又歸朝의命을得■者가其發程前에派駐를免ᄒ거
나歸朝命을　　撤回ᄒᄂ바되ᄂ時ᄂ其加俸의半額以內를給호믈得
ᄒ고給由로歸朝命을得　　者가發程前에其命을撤回ᄒᄂ바되ᄂ時
도亦同홈

前項에當ᄒᄂ者가身故ᄒᄂ時에ᄂ其全額以內를給ᄒ믈得홈

第十二條　代理者ᄂ其事務傳受日로붓터　代理中別表第一號及第

二號에依ᄒ야代理에當ᄒᄂ本俸을給ᄒᄂ니但當該主任官이到任ᄒ면其到達日로限홈

第二章　身故賜金

第十三條　外交官領事館公使館書記生及領事館書記生의身故賜金은其本俸의半額에依ᄒ야筭出홈

第十四條　外交官領事館公使館書記生及領事館書記生이外國凧駐中又任處往復中에身故ᄒᄂ者ᄂ身故賜金외에本官相當의本俸二個月條를給홈

第三章　旅費

第十五條　旅費ᄂ船車費及日費를合稱홈

第十六條　旅費ᄂ赴任과因公歸朝及給由歸朝其他公務를帶ᄒ야旅行ᄒᄂ時에給홈

第十七條　船車費ᄂ一切實費를給홈

第十八條　外交官領事館及其妻ᄂ一等船車費公使館書記生領事館書記生及其妻ᄂ二等船車費를給ᄒ고若二等船室이最下級에屬ᄒᄂ時ᄂ一等船車費를給홈

官船車等或官備船車等으로旅行ᄒ야實費出給을要치아니ᄒᄂ時又往復路程이十二哩에不滿ᄒᄂ時ᄂ船車費를給치아니홈

第十九條　外交官領事館公使館書記生及領事館書記生의妻에게船車費를給호믄左開ᄒᄂ境遇에限홈

一　赴任과因公歸朝及給由歸朝의際에帶同ᄒᄂ時

二　帶同을아니ᄒ나本國으로셔任處에往復ᄒᄂ時에各一回를限홈

三　特命全權公使辦理公使代理公使가兼任國에旅行ᄒᄂ境遇에帶同ᄒᄂ時

第二十條　特命全權公使辦理公使代理公使가赴任과因公歸朝及給

由歸朝又任國에旅行ᄒᄂᆫ時에從者ᄅ現帶ᄒᄂᆫ時ᄂ從者一人을限
ᄒ야船車賃의實費ᄅ給홈

外交官及領事館에限ᄒ야第十九條第二의境遇에當ᄒ야從者ᄅ現
帶케ᄒᄂᆫ時ᄂ前項과亦同홈

從者ᄅ爲ᄒ야給ᄒᄂᆫ實費ᄂ特別　境遇外에ᄂ三等船車費로홈

二十一條　本國과任處間往返中의日費ᄂ左表에依ᄒ야給ᄒᄂ니特
別　命令이나又己ᄒ기得지못ᄒᄂᆫ事故로爲ᄒ야中路에滯■時又或
派遣地滯■中의日費도左表에依ᄒ■但往返이一日에不滿■則給지
아니홈

	甲額	乙額
特命全權公使	七元	六元
辦理公使	六元	五元
代理公使	五元半	四元半
公使館一等叅書官	五元	四元
總領事	五元	四元
領事館二等叅書官	五元	四元
公事	五元	四元
公使館三等叅書官	四元	三元
副領事	四元	三元
公使館書記生	三元	二元
領事館書記生	三元	二元

歐美各國에ᄂ甲額其他諸國에ᄂ乙額을給ᄒᄂ니但甲額을給ᄒ미
可■地로붓터乙額을給ᄒ미可■地에며又乙額을給ᄒ미可■地로붓
터甲額을給ᄒ미可　地에旅行ᄒ며又其旅行中滯■ᄒᄂ시ᄂ甲額을
給홈

第二十二條　官船或官備船으로旅行ᄒᆞᄂᆞᆫ者가食費를要치아니ᄒᆞᄂᆞᆫ
時ᄂᆞᆫ前條日費의半額을給홈

第二十三條　兼任國駐在中은第五條에依ᄒᆞ야本俸을增給ᄒᆞ고日費
를給지아니홈

第二十四條　歸朝中轉駐ᄒᆞᄂᆞᆫ命을受ᄒᆞ거나或轉官ᄒᆞᄂᆞᆫ境遇에ᄂᆞᆫ本
國及新任處間에旅費를給홈

外國에셔任官ᄒᆞᄂᆞᆫ者에ᄂᆞᆫ其現駐地로붓터任處가지旅費를給홈

第二十五條　旅行중에셔身故ᄒᆞᄂᆞᆫ者에게日費ᄂᆞᆫ身故當日가지며船
車費ᄂᆞᆫ이믜支放■全額을給ᄒᆞ고其妻及從者가身故時도亦同홈

旅行中又任處에셔身故ᄒᆞᄂᆞᆫ境遇에妻又從者를帶同■時ᄂᆞᆫ其妻又從
者의歸朝旅費를給ᄒᆞᆷ得홈

第二十六條　私事를爲ᄒᆞ야迂路로經過ᄒᆞᄂᆞᆫ時ᄂᆞᆫ其旅費를一切順路
에依ᄒᆞ야給홈

私事를爲ᄒᆞ야中路에滯■ᄂᆞᆫ時ᄂᆞᆫ其滯■ᄒᆞ日費를給지아니홈

第四章　公使館領事館經費

第二十七條　公使館領事館의經費ᄂᆞᆫ實費精筭을要ᄒᆞᄂᆞᆫ者와精筭아
니ᄒᆞ고　放給ᄒᆞᄂᆞᆫ者의二種으로區分ᄒᆞ니其區分은外部大臣이度支
部大臣과相議ᄒᆞ야定홈

放給經費ᄂᆞᆫ各科目定額을四分ᄒᆞ야每三個月式各館長에게交付홈

第五章　雜則

第二十八條　放給經費及派駐滯■旅行中에係ᄒᆞᄂᆞᆫ俸給及日費ᄂᆞᆫ歐
美諸國에ᄂᆞᆫ金貨其他諸國에ᄂᆞᆫ銀貨로　給홈

金貨로　給ᄒᆞᄂᆞᆫ地로붓터銀貨로■給ᄒᆞᄂᆞᆫ地에旅行ᄒᆞᄂᆞᆫ時又銀貨로
■給ᄒᆞᄂᆞᆫ지로붓터金貨로■給ᄒᆞᄂᆞᆫ地에■旅行ᄒᆞᄂᆞᆫ時ᄂᆞᆫ其旅中의日
費ᄂᆞᆫ一切銀貨로　給홈

第二十九條　本令에轉官이라호믄外交官領事官公使館書記生領事
館書記生間에其官을轉호믈云호고轉駐는其任處를轉호믈云홈

第三十條　臨時代理公使가旅行又兼任國에駐在호는境遇에는一切
代理公使에關호는規程으로適用홈

第三十一條　通商事務官에게는其官등에應호야本令에揭호는領事
又副領事에關호는規程을適用홈

第三十二條　名譽領事에게는事務所費호야年額五百元以內를給호
믈得홈

第三十三條　名譽領事館에書記生을派駐케호는時其本俸은最近地
領事館의例로依홈

第三十四條　本令의施行에關호는細則은外部大臣이定홈

第三十五條　本令은頒布日로붓터施行홈

外交官及公使館書記生本俸年額

官　任所	英露米佛	獨澳伊	日本
特命全權公使	五千五百元	五千元	五千元
辦理公使	四千九百元	四千五百元	四千五百元
代理公使	四千五百元	四千元	四千元
臨時代理公使	四千元	三千六百元	三千六百元
公使館一等參書官	二千五百元	二千二百元	二千元
公使館二等參書官	二千三百元	二千元	千八百元
公使館三等參書官	二千元	千七百元	千四百元
公使館書記生	千五百元以下	千三百元以下	千元以下
別表第二號			

領事官及領事館書記生本俸年額

官　　任所	倫敦 紐育	里昂 桑港	横濱神戸 長崎	香港新嘉 坡
總領事	四千元	三千八百元	四千元	
領事	三千二百元	三千元	三千二百元	三千二百元
副領事	二千二百元	二千元	二千二百元	二千二百元
領事館書記生	千五百元以下	千三百元以下	千元以下	千元以下
總領事代理	三千二百元	三千百元	三千二百元	
總領事館事務代理	二千三百元	二千百元	二千三百元	
領事代理	二千八百元	二千六百元	二千八百元	二千八百元
領事館事務代理	二千元	千八百元	二千元	二千元

領事官及領事館書記生本俸年額

朕이官員服務紀律中改正에關ᄒᄂ件을裁可ᄒ야頒布케ᄒ노라

　　　　　大君主　　御押　　御璽

　　　　開國五百四年三月二十九日

　　　　　內閣總理大臣金弘集

勅令第六十五號

官員服務紀律中左갓치改正홈

第六條에左의一項을追加홈

官員이公務疾病又丁憂를除ᄒᄂ外에規定時間은반다시仕進執務ᄒ미가ᄒ니但己ᄒ기得지못ᄒᄂ事故잇셔特別히本屬長官의允許를得　者ᄂ此限에在치아니홈

第七條　官吏ᄂ營業會社의社長又其他事務員되ᄂ事를得지못홈

第十一條　官吏가官馬를私用ᄒ거나又無賃乘船ᄒ거나又相當價를
不興ᄒ고人民의物品又勞力을私自徵取ᄒᄂ事를得지못홈

第十三條　雇員及其他準官吏에도亦此紀律을適用홈

叙任

身病改差	咸鏡中軍	李庚翼
上仝	忠淸兵虞侯	姜斗永
上仝	多大僉使	朴世赫
改差	委曲僉使	嚴信永
上仝	淸城僉使	李宜燮
上仝	龜山僉使	李昌文
上仝	昌城僉使	李允恒
上仝	西林僉使	廉處京
上仝	造山萬戶	趙基卨
上仝	鉢浦萬戶	李浩錫
上仝以上軍部	多慶浦萬戶	韓文效
上仝	松羅察訪	金學魯
上仝	召村察訪	李齊正
上仝	自如察訪	韓敬根
上仝以上農商工部	碧沙察訪	金日遠
罷黜軍部	登山僉使	崔在成
任咸鏡中軍		李秉和
忠淸兵虞侯		姜永泓
多大僉使		柳翼潤
永宗僉使		李日善

陞三品	永宗僉使	李日善
委曲僉使		朴景煥
淸城僉使		宋希奎
龜山僉使		鄭弘鎰
昌城僉使		金是昌
登山僉使		鄭基連
西林僉使		金懋容
造山萬戶		金庚厚
鉢浦萬戶		柳　璇
多慶浦萬戶以上軍部		鄭泰鉉
松羅察訪		林皐鶴
召村察訪		金漢柱
自如察訪		李愼道
碧沙察訪以上農商工部		金錫興
呈狀改差	宮內叅議	李始榮
上仝	宮內叅議	鄭寅奭
上仝	宮內主事	李準榮
任宮內叅議	宮內主事	朴鏞和
	宮內主事	李秉觀
陞三品	宮內叅議	朴鏞和
上仝以上宮內府	宮內叅議	全晙基

　　　　以上三月三十日

宮內錄事

○義和君劄子大槩敢控情實乞解兩銜事奉　旨省劄具悉爾懇所辭兩

衛許副爾其諒之事遣宮內府官傳諭

○宗伯府四月初二日行　宗廟夏享大祭香祝親傳取稟奉　旨攝儀

彙報

○司法

珍山前郡守申梜이匪類防禦치못　罪를制書有違律에照ㅎ야杖一百

私罪收贖告身盡行追奪

各部處務規程通則은左갓티定홈

　開國五百四年四月一日

　　　　　內閣總理大臣金弘集

閣令第一號

○別紙갓티

　　各部處務規程通則

　　　第一章　　職責

第一條　各局長並官方各課長은大臣又協辦의命을承ㅎ야所掌ㅎᄂ

事務를　整理ㅎ고部下를指揮홈

第二條　各局의課長은局長의命을承ㅎ야課務를擔任ㅎ고課僚를指

揮ㅎ야　各其事務에服ㅎ게ㅎ고調查起案等一切課務의整理에任홈

第三條　課僚ᄂ課長의指揮를承ㅎ야各其課務에從事홈

第四條　局長及官房課長은大臣又協辦을對ㅎ야主務擔任의責에任홈

　　　各部處務規程通則

各局의課長은局長을代ㅎ야主務擔任의責에任홈

課僚ᄂ局長及課長을代ㅎ야擔任事務에就ㅎ야其責에任홈

第五條　事務가重要에涉ㅎᄂ者를辦理ㅎ며或各局課聯帶ㅎᄂ事項

으로迅速 完決을要ᄒᄂᆞᆫ境遇에ᄂᆞᆫ大臣又協辦은各局長及官房課長
을集ᄒᆞ야會議ᄅᆞᆯ開ᄒᄂᆞᆫ事가有ᄒᆞ미可홈

第六條 局長又課長이因公在外ᄒᆞ거나或其他事故로不進ᄒᆞᆷᄅᆞᆯ爲ᄒ
야代辦을必要로認ᄒᄂᆞᆫ時ᄂᆞᆫ局長及官房各課長에在ᄒᆞ야ᄂᆞᆫ大臣으
로셔며各局의課長에在ᄒᆞ야ᄂᆞᆫ局長으로셔暫時代辦者ᄅᆞᆯ選定ᄒ야
命홈

第七條 本部에到達ᄒᄂᆞᆫ交書ᄂᆞᆫ凡大臣官房(又部中一局)文書課(課
命은 各部分課規程에셔定ᄒᄂᆞᆫ바에依ᄒ니以下ᄂᆞᆫ此ᄅᆞᆯ倣홈)에셔
接受開封ᄒ야接受ᄒᄂᆞᆫ年月日子ᄅᆞᆯ該交書上에註記ᄒ고件名幷番
號ᄅᆞᆯ簿冊에謄錄ᄒ미可홈

第八條 文書課長은到達文書ᄅᆞᆯ協辦에게提出ᄒ고協辦은査閱ᄒ야
主務各局課에配付홈

第九條 大臣又協辦에게達ᄒᄂᆞᆫ親展文書ᄂᆞᆫ封皮上에記號ᄒ고簿冊
에謄錄 後에곳大臣官房秘書課長(課名은各部分課規程에셔定ᄒ
ᄂᆞᆫ바에依ᄒ니以下ᄂᆞᆫ此ᄅᆞᆯ倣홈)에게交付ᄒᄂᆞ니但交付後에普通交
書의掌理에屬ᄒᄂᆞᆫ者ᄂᆞᆫ交書課에還付ᄒ고同課ᄂᆞᆫ第七條에依ᄒ야
年月日子와件名及番號ᄅᆞᆯ註記ᄒ야곳主務局課에配付ᄒ미可홈

第十條 凡送付하ᄂᆞᆫ文書ᄂᆞᆫ送達簿上에受領者의檢印을受ᄒ미可홈

第十一條 事가數局課에聯帶ᄒᄂᆞᆫ文書ᄂᆞᆫ主務局課에셔辦理審案을
起草ᄒ야 聯帶諸局과에合議ᄒ미可ᄒ니若彼此意見이異 時ᄂᆞᆫ該
文書에理由ᄅᆞᆯ具ᄒ야곳大臣又協辦에게決裁ᄅᆞᆯ請ᄒ미可홈

第十二條 各局과調査訖■審案은協辦에게提出ᄒ야協辦의査閱檢
印■後에 大臣의決裁ᄅᆞᆯ請ᄒ미可홈

協辦이大臣의署理ᄅᆞᆯ行ᄒ거나或委任을受境遇에ᄂᆞᆫ査閱檢印■後에
곳施行테ᄒ미可홈

第十三條　事가急施를要ㅎ거나或機密에關ㅎ는者는常規에依치아니ㅎ고곳　大臣又協辦의決裁를請ㅎ미可홈

第十四條　凡官吏의進退身分에關ㅎ는事項及機密事項은秘書課長으로셔곳　大臣又協辦에게提出ㅎ야決裁를請ㅎ미可홈

第十五條　一切決議既訖■文書는文書課에셔淨書ㅎ야秘書課長에就ㅎ야　大臣의印을鈐ㅎ고件名及番號를簿冊에註記ㅎ고곳發送ㅎ며其原文書에는發送ㅎ는年月日子를記入ㅎ고文書課長이檢印ㅎ야主務局課에還付ㅎ미可ㅎ니但官令이며通牒等에可添홀一切類圖表等은其發送에要ㅎ미可■數를主務局課에셔調製ㅎ미可홈

決議既訖　機密文書及文官의進退身分에關ㅎ는者는秘書課에셔本條에依ㅎ야掌理ㅎ미可홈

第十六條　凡辦理既訖■文書는其審案과其事에關係■往復書와其附屬書가지一切整頓ㅎ야記錄課(課名은各部分課規程에셔定ㅎ는바에依홈)에送付ㅎ미可ㅎ니其機密에屬ㅎ는文書는書　長이保管ㅎ미可홈

第十七條　此規程은되도록內閣所屬職員에게도　適用ㅎ미可홈

　　　正誤

會計法第六章豫筭收入은豫筭외收入의誤

第四十條納入은納入의誤植

武官並相當官俸　令의俸給表副將並相當官의欄內職俸二五〇〇元은一五〇〇誤植

副領並相當官의欄內本俸四六八元은六四八元의誤

叅領並相當官의欄內職俸六四八元은四六八元의誤植

公使館領事館費用令第七條本部는外部의　誤植

官　報　第二號　開國五百四年四月二日　金耀　內閣記錄局官報課

　　　勅令

朕이　官員懲戒令改正에關ᄒᆞᄂᆞᆫ件을裁可ᄒᆞ야頒布케ᄒᆞ노라

　　　　大君主　御押　御璽

　　　　開國五百四年三月二十九日

　　　　　　內閣總理大臣金弘集

勅令第六十六號

　官員懲戒令

第一條　官員이私罪ᄅᆞᆯ犯ᄒᆞᆷ을除ᄒᆞᄂᆞᆫ外에職務關係로■過失이有■則此規則에照ᄒᆞ야■懲戒ᄒᆞᆷ이可홈

第二條　懲戒에輕　者니本屬長官으로셔譴責書ᄅᆞᆯ付與홈

第四條　罰俸은少ᄒᆞ야도一朔條十分의一에不下ᄒᆞ며多ᄒᆞ야도三朔條에不過ᄒᆞᄂᆞ니其俸을奪ᄒᆞᄂᆞᆫ法이一朔俸半額未滿은一朔俸中에셔扣除ᄒᆞ고一朔俸半額以上은每朔俸給의半額을扣除홈

罰俸에處　者가完納ᄒᆞ기前에退官ᄒᆞ거나又或身故ᄒᆞᄂᆞᆫ時ᄂᆞᆫ追徵ᄒᆞ지아니홈

第五條　官員服務紀律第六條第二項의事故가無ᄒᆞ고一個月以上仕進아니　者ᄂᆞᆫ其日로始ᄒᆞ야仕進아니■中은罰俸에準ᄒᆞ야月俸을半減홈

第六條　免官은左의例ᄅᆞᆯ依ᄒᆞ야行ᄒᆞ고且其品階ᄅᆞᆯ奪홈

一　勅奏任官에在ᄒᆞ야ᄂᆞᆫ本屬長官으로셔內閣會議에提出ᄒᆞ야決定後에裁可ᄒᆞ시ᄆᆞᆯ奏請ᄒᆞᆷ可홈

二　判任官以下에在ᄒᆞ야ᄂᆞᆫ本屬長官이專行홈

第七條　其有心故造ᄒᆞ야私罪에入■者ᄂᆞᆫ職務上罪라도刑律에照ᄒᆞ야處分ᄒᆞᆷ이可홈

第八條　凡懲戒를因ᄒ야免官ᄒᄂᆞᆫ者ᄂᆞᆫ二個年以上을經치아니　則何官廳이든지不問ᄒ고收用ᄒᆷ를得지못ᄒᆷ

第九條　本令은雇員及其他準官員에게도適用ᄒᆷ

　　　　　　○

朕이官員非職令을裁可ᄒ야頒布케ᄒ노라

　　　　　　大君主　御押　御璽

　　　　　　　開國五百四年三月二十九日

勅令第六十二號　內閣總理大臣金弘集

　官員非職令

第一條　廢廳廢官若官廳事務의伸縮及其他疾病等事故에依ᄒ야本屬長官은其所部ᄒᄂᆞᆫ官員에게非職을命ᄒᆷ를得ᄒᆷ

勅任官及奏任官의非職은各主任大臣으로셔閣議에提出ᄒ야決定■後에上奏ᄒ야裁可를經ᄒ고命ᄒᆷ

第二條　外交官領事官公使館書記生及領事館書記生에在ᄒ야ᄂᆞᆫ任所업ᄂᆞᆫ者를非職이라ᄒᆷ

第三條　非職官員은職務에從事ᄒ지아니ᄒᄂᆞᆫ外ᄂᆞᆫ在職官員와其異가無ᄒᆷ

第四條　非職中官員에게ᄂᆞᆫ其在職最終俸額四分一以內를給ᄒᆷ

外交官領事官公使館書記生及領事館書記生으로非職되ᄂᆞᆫ者에ᄂᆞᆫ其在職最終本俸全額의六分의一以內를給ᄒᆷ

第五條　本屬長官은事務의便宜에依ᄒ야何時든지非職官員에게ᄂᆞᆫ復職을命ᄒᆷ를得ᄒᆷ

非職官員은何時든지他官職에任用되ᄂᆞᆫ事를得ᄒᆷ

復職及他官職에任用ᄒᄂᆞᆫ規程은一般官員의進退ᄒᄂᆞᆫ例에依ᄒᆷ

第六條　非職은二個年으로一期를삼ᄂᆞ니期滿則其官을免ᄒᆷ되ᄂᆞᆫ者

로見做홈

第七條　非職官員은本屬長官의準許를得ㅎ야公立病院學校又農工
商等營業會社의業務에從事ㅎ야其事務員되며又商業을營ㅎ믈得
ㅎ느니但此境遇에는第四條의俸給을支給지아니홈

前項의準許를施ㅎ기에則奏任官에係■者는本屬長官으로셔閣議에
提出ㅎ야其決定을經ㅎ믈要홈

第八條　非職俸給支給ㅎ는規程은度支大臣이部令으로　定홈

閣令

中樞院會議及處務規程은左갓티定홈

　開國五百四年四月二日

　　　　　內閣總理大臣金弘集

閣令第二號

　中樞院會議及處務規程

第一條　中樞院은內閣으로셔交付ㅎ는事項에對ㅎ야意見을　開述
ㅎ는者라

第二條　中樞院은官署와臣民으로셔上書建白及其他通信을受領ㅎ
믈得지못홈

第三條　中樞院은國務大臣及各部協辦과만公務上의交涉을有ㅎ고
其他官署及臣民間에文書往復又其他交涉을爲ㅎ믈得지못홈

第四條　中樞院會議는議官三分二以上出席지아니ㅎ면開會ㅎ믈得
지못홈

第五條　中樞院會議는議長이首席이라議長이事故잇는時는副議長
이首席되고議長副議長이다事故잇는時는議官이其席次를按ㅎ야
首席되미可홈

第六條　中樞院의議事는多數에依ㅎ야決ㅎ느니可否同數ㅎ는境遇

에는首席의決ᄒᆞᄂᆞ바에依홈

第七條　中樞院에到達ᄒᆞᄂᆞ事項은議長이叅書官에게下付ᄒᆞ야審査케ᄒᆞ며　會議에付ᄒᆞ미可■事項의報告ᄅᆞᆯ粗製케홈

議長이必要로認ᄒᆞᄂᆞ境遇에ᄂᆞ親히報告의任에當ᄒᆞ며又或議官一人若數人에게任ᄒᆞᄂᆞ事가有ᄒᆞ미可홈

第八條　審査報告書ᄂᆞᆫ곳議長에게提出ᄒᆞ미可홈

臨時緊急■境遇에ᄂᆞ言詞로報告ᄒᆞ믈得ᄒᆞ니但此境遇에ᄂᆞ其要領을第十一條의事項簿에記載ᄒᆞ미可홈

第九條　議長이審査報告書ᄅᆞᆯ調製ᄒᆞ미可ᄒᆞᆯ期日을限定ᄒᆞ믈得홈

內閣이急速을要ᄒᆞᄂᆞ事項으로ᄂᆞ其由ᄅᆞᆯ知照ᄒᆞ며其會議期日을限定ᄒᆞ믈得홈

第十條　審査報告書ᄂᆞᆫ其附屬文書와함■開議日二日以前에各議官에게配付ᄒᆞ미可홈

第十一條　事項簿에ᄂᆞ會議期日의次序로左開■事項을登載ᄒᆞ미可홈

一　事項의性質

二　審査報告書及附屬文書의配付日時

三　會議期日

第十二條　會議에付ᄒᆞ미가事項에對ᄒᆞ야議事日程을調製ᄒᆞ고其開議日二日以前에各議官에게通報ᄒᆞ미可ᄒᆞ니但議事日程에記錄ᄒᆞ미可■事項은前條와　同홈

前項議事日程은國務大臣及各部協辦에게도通報ᄒᆞ미可홈

第十三條　中樞院會議日時ᄂᆞᆫ議長이定ᄒᆞᄂᆞ니但國務大臣이其日時의變更을求ᄒᆞ믈得홈

第十四條　會議首席이叅書官으로ᄒᆞ야곰議案을朗讀케ᄒᆞ며又審査報告員으로ᄒᆞ야곰其事項을辨明케後各議官으로■야곰討議케홈

第十五條　何人든지首席의許可를受치아니ᄒ면發言ᄒ믈得지못홈

第十六條　討論이旣盡█時ᄂ首席이各議官으로ᄒ야곰表決을行케ᄒ며且議決█結末을宣告ᄒ미可홈

第十七條　議事日程에揭載　事項의會議가其當日에完了치아니█時ᄂ立卽日時를定ᄒ야延會ᄒ믈득ᄒᄂ니但此境遇에ᄂ常例의定式을更踐ᄒ믈要치아니홈

第十八條　中樞院會議의意見은議決█結末을依ᄒ야僉書官이起草ᄒ야議長의檢閱을請ᄒ미可ᄒ니此意見에ᄂ理由를付ᄒ고重要█事項에ᄂ討論의要領書를添付ᄒ미可홈

前項意見에對ᄒ야反對█議論을主張ᄒᄃ議官은其理由를議事筆記又要領書에記錄ᄒ기請求ᄒ믈得홈

第十九條　前條의意見은議長으로셔內閣總理大臣에게送致홈

第二十條　中樞院의議事筆記ᄂ議長及出席█僉書官이書名ᄒ미可홈

第二十一條　中樞院의議事細則은中樞院의定ᄒᄂ바에依홈

官員銘心內則은左갓티定홈

　開國五百四年四月二日

　　　　內閣總理大臣金弘集

閣令第三號

　官員銘心內則

一凡官員은官制及其他法規의付與█權域을恪守ᄒ야決斷코他의權域을侵越ᄒ미可치아니홈

一部下의官員이라도官制上其權限을委任█事項에就ᄒ야ᄂ上官이恒常其權域을勿侵ᄒᄂ事에注意ᄒ미可홈

一凡下官은上官의指揮命令에從ᄒᆞ미가■믄勿論이나然이니若上官의
命令에法規를抵觸ᄒᆞᄂᆞᆫ處가有■거나又其案情이不合ᄒᆞᄂᆞᆫ處가ᄒᆞ므로
思考ᄒᆞᄂᆞᆫ時ᄂᆞᆫ一應上官에게其意를稟호■上官아尙此抵觸及不合ᄒᆞᄂᆞᆫ
事가無ᄒᆞ다ᄒᆞ야그■로執行ᄒᆞ미可■命이有ᄒᆞᄂᆞᆫ時ᄂᆞᆫ從ᄒᆞ미可홈
一凡官員이其職務로因ᄒᆞ야意見이잇ᄂᆞᆫ時ᄂᆞᆫ반다시直其坐에開陳
ᄒᆞ미可ᄒᆞ니中心에異見을挾ᄒᆞ며셔同意를表ᄒᆞ거나沈默에付ᄒᆞ다
가後日에至ᄒᆞ야曰是曰非ᄒᆞ든가又ᄂᆞᆫ暗地에其事를妨碍ᄒᆞᄂᆞᆫ行爲
가有ᄒᆞ미不可　事
一凡官員은表裏를不問ᄒᆞ고其職務로關係업ᄂᆞᆫ者의指揮命令을承
ᄒᆞ거나又談議等을行ᄒᆞ미可치아니홈
一凡官員되ᄂᆞᆫ者ᄂᆞᆫ腹心을互啓ᄒᆞ며誠意를相推홀지오秘密히私黨
을結ᄒᆞ야互相分立ᄒᆞᄂᆞᆫ行爲가有ᄒᆞ미可치아니홈
一官員은故意로風說等을捏造ᄒᆞ야他官員을中傷ᄒᆞ거나離間ᄒᆞ거
나ᄒᆞᄂᆞᆫ如此所爲가有ᄒᆞ미可치아니며又其事實의信否를確知치아
니ᄒᆞ고風說訛傳等을輕信치아니홀事업기에깁히注意ᄒᆞ미可홈
一凡官員은上官의許可를得ᄒᆞ미아닌則執務時間內에職務를離ᄒᆞ
고或他人의私宅에出入ᄒᆞ거나彼此奔走等事를行ᄒᆞ미可치아니홈
　　　　　　○
起復行公에關ᄒᆞᄂᆞᆫ件은左갓티定홈
　　　開國五百四年四月二日
　　　　　　內閣總理大臣金弘集

閣令第四號
官員으로셔丁憂ᄒᆞᄂᆞᆫ者가喪에在ᄒᆞ야ᄂᆞᆫ三十日以上이며服에在ᄒ
야ᄂᆞᆫ五日以上을經過■時ᄂᆞᆫ官廳事務의便宜를有ᄒᆞ야本屬長官이起

復行公을命ᄒ니可홈

○

官員懲戒處分內規ᄂᆞᆫ左갓티定홈

開國五百四年四月二日

內閣總理大臣金弘集

閣令第五號

官員懲戒處分內規

第一條　過失은過誤失錯과不注意■셔出ᄒᄂᆫ者를云ᄒ니怠慢■出ᄒᄂᆫ事도亦過失이되홈

素行이不修ᄒ야官員의體面을汚ᄒᄂᆫ者도亦過失의一이되홈

第二條　過失이事物에害잇ᄂᆫ者ᄂᆫ重을從ᄒ야論ᄒ고事物에害업ᄂᆫ者와害잇셔도可히救正ᄒ기를得ᄒᄂᆫ輕을從ᄒ야論홈

第三條　下官이故意로　行ᄒ야上官의許可를得■者ᄂᆫ上下官이其責을■均任ᄒ미可ᄒ고下官이職權으로行　者ᄂᆫ上官이其責을任치아니ᄒ녀又下官이職權을越ᄒ야專行ᄒᄂᆫ者ᄂᆫ重을從ᄒ야論홈

第四條　官員이其過失을自覺ᄒ고進退現告를捧ᄒᄂᆫ時ᄂᆫ本屬長官이推紃ᄒ야過失에止ᄒᄂᆫ○者ᄂᆫ成規에照ᄒ야處分ᄒ미可홈

有必故犯ᄒ야私罪에入　者ᄂᆫ長官이其人을司法官에移ᄒᄂᆫ니奏任官以上은　內閣會議決定ᄒᆫ後若司法官이其有心故造아니오刑律에觸ᄒ미업시므로判ᄒᄂᆫ時ᄂᆫ本屬長官에게還付ᄒ면其長官이成規에依ᄒ야處分ᄒᄂᆫ事를得홈

第五條　凡上官은平素에下官을監督ᄒ야其過失이懲戒處分을行ᄒ기에及지아니ᄒᄂᆫ者ᄂᆫ懇篤히訓告ᄒᆞᆷ므로務ᄒ미可ᄒ며若懲戒處分을要ᄒ므로認ᄒᄂᆫ時ᄂᆫ成規에照ᄒ야狀을具ᄒ야稟告ᄒ고其專行ᄒ믈得ᄒᆞᆯ者ᄂᆫ處分을直行ᄒ미可홈情을知ᄒ고隱蔽ᄒ야稟告치

아니ᄒᆞᄂᆞᆫ者도亦過失이되홈

官　報　第三號　開國五百四年四月三日　土曜　內閣記錄局官報課
　　　　　叙任
任內閣總理大臣叙勅任官一等　　　　　　正一品金弘集
任外務大臣叙勅任官一等　　　　　　　　從一品金允植
任內務大臣叙勅任官一等　　　　　　　　正一品朴泳孝
任度支部大臣叙勅任官一等　　　　　　　從一品魚允中
任軍部大臣叙勅任官一等　　　　　　　　從一品趙羲淵
任法務大臣兼高等裁判所裁判長　　　　　從一品徐光範
　　　叙勅任官一等
任學部大臣叙勅任官一等　　　　　　　　從一品朴定陽
任農商工部大臣叙勅任官一等　　　　　　正二品金嘉鎭
任內閣總書叙勅任官四等　　　　　　　　從二品兪吉濬
任外部協辦叙勅任官三等　　　　　　　　從二品李完用
任內部協辦叙勅任官三等　　　　　　　　從二品李鳴善
任度支部協辦叙勅任官二等　　　　　　　正二品安駉壽
任軍部協辦叙勅任官三等　　　　　　　　從二品權在衡
任法部協辦叙勅任官三等　　　　　　　　從二品李在正
任學部協辦叙勅任官三等　　　　　　　　從二品高永喜
任農商工部協辦叙勅任官三等　　　　　　從二品李采淵
叙勅任官二等　　　　　　　　　　　　　警務使李允用
任內閣總理大臣秘書官兼內閣叅書
官叙奏任官三等　　　　　　　　　　　　三品尹致昊

　　　三品朴彝陽　　　　　三品金得鍊

任內閣僉書官叙奏任官四等

任內閣記錄局長兼內閣僉書官叙　　　　三品朴永斗
　　奏任官四等

任外部交涉局長叙奏任官二等　　　　　三品趙重應

任外部通商局長叙奏任官三等　　　　　三品趙性協

　　　三品陸鍾允　　　三品金敎獻　　三品金珏鉉

任外部僉書官叙奏任官四等

　　　五品玄映運　　　六品申泰茂

任外部繙譯官叙奏任官六等

任內部州縣局長叙奏任官二等　　　　　三品劉世南

任內部土木局長叙奏任官三等　　　　　三品南宮檍

任內部版籍局長叙奏任官三等　　　　　三品尹瑢錫

任內部會計局長叙奏任官五等　　　　　九品崔正益

任內部衛生局長叙奏任官四等　　　　　三品金仁植

　　　　九品安沂中　　　九品金始男　　三品金敎性

任內部僉書官叙奏任官五等

任內部僉書官叙奏任官六等　　　　　　九品金奎熙

　　　　六品趙協承　　　六品洪建祖　　六品車學模

　　　　六品安宗洙

任內部視察官叙奏任官六等

任度支部司稅局長叙奏任官二等　　　　三品李鼎煥

任度支部司計局長叙奏任官二等　　　　三品金在豊

任度支部出納局長叙奏任官三等　　　　三品鄭恒朝

任度支部會計局長叙奏任官五等　　　　六品李海萬

任度支部庶務局長叙奏任官五等　　　　　　五品金裕定

任度支部叅書官叙奏任官四等　　　　　　　三品嚴柱興

　　　　　四品徐相勛　　　六品韓鎭昌

任度支部叅書官叙奏任官六等

　　　　　四品金炳翕　　　四品李炳鎏　　　四品尹景根

　　　　　四品金應漢　　　五品李相高　　　五品印錫輔

　　　　　六品嚴柱完　　　六品尹任禎　　　六品李裕鼎

　　　　　六品尹鎬禎　　　六品崔錫肇　　　六品李容九

　　　　　六品金榮漢　　　六品金時濟

任度支部財務官叙奏任官六等

　　　　　三品柳爀魯　　　三品鄭蘭敎

任副領

任監督叙奏任官二等　　　　　　　　　　　三品李周會

　　　　　四品尹顯求　　　三品柳敦秀　　　三品趙羲聞

　　　　　三品申載永　　　三品安昌壽　　　三品林殷明

任叅領

任監督叙奏任官四等　　　　　　　　　　　三品朴準成

任監督補叙奏任官五等　　　　　　　　　　三品張華植

　　　　　六品鄭光澈　　　六品申泰俊　　　六品金東萬

　　　　　三品李健榮　　　四品安用善　　　九品權肅鎭

　　　　　六品趙信和

任副尉

　　　　　四品權承弼　　　六品權鍾奭　　　五品尹喆圭

　　　　　五品洪淳明

任正尉

　　　　六品李熙元　　六品金振聲　　六品洪淳瓚
　　　　九品黃　鋮
任叅尉
　　　　六品申佐均　　六品金增集
任軍司叙奏任官五等
　　　　九品柳炳詢　　六品崔鎭泰
任軍司叙奏任官六等
任理事叙奏任官六等　　　　　　　　　六品洪祐亨
任軍部砲工局長　　　　　　　　　　　副領柳爀魯
任軍部經理局長　　　　　　　　　　　監督李周會
任軍部大臣官房長　　　　　　　　　　副領鄭蘭敎
任軍部大臣官房副長　　　　　　　　　叅領尹顯求
任軍部軍務局軍事課長　　　　　　　　叅領柳敦秀
任軍部軍務局馬政課長　　　　　　　　叅領趙羲聞
任軍部軍務局外國課長　　　　　　　　叅領申載永
任軍部砲工局砲兵課長　　　　　　　　叅領安昌壽
軍部砲工局工兵課長　　　　　　　　　叅領林殷明
任軍部經理局第一課長　　　　　　　　監督朴準成
任軍部經理局第二課長　　　　　　　　監督補張華植
　　　　　　副尉鄭光澈　　副尉申泰俊
任軍部大臣官房員
　　　　　　正尉權承弼　　正尉權鍾奭　　正尉尹喆圭
　　　　　　正尉洪淳明　　副尉金東萬　　副尉李健榮
　　　　　　副尉安用善　　叅尉李熙元　　叅尉金振聲
任軍部軍務局課員

　　　　　　　　副尉權肅鎭　　　副尉趙信和　　　　叅尉洪淳瓚

　　　　　　　　叅尉黃　　鋠

任軍部砲工局課員

　　　　　　　　軍司申佐均　　　軍司金增集　　　　軍司柳炳詢

　　　　　　　　軍司崔鎭泰

任軍部經理局課員

任軍部經理局員　　　　　　　　　　　　　　　　　理事洪祐亨

任法部刑事局長叙奏任官二等　　　　　　　　　　　三品張　　博

任法部檢事局長叙奏任官三等　　　　　　　　　　　三品李宗稙

任法部會計局長叙奏任官五等　　　　　　　　　　　六品金永汶

　　　　　　　　三品洪鍾檍　　　三品金龍鉉　　　　三品安寧洙

　　　　　　　　三品朴勝鳳　　　六品李熙悳　　　　六品趙鍾緒

　　　　　　　　九品皮相範　　　九品具義書

任法部叅書官叙奏任官六等

任學部學務局長叙奏任官三等　　　　　　　　　　　三品李應翼

任學部編輯局長叙奏任官四等　　　　　　　　　　　三品李庚稙

　　　　　　　　三品趙秉健　　　三品李相在

任學部叅書官叙奏任官四等

任學部叅書官叙奏任官五等　　　　　　　　　　　　六品洪禹觀

任觀象所長叙奏任官四等　　　　　　　　　　　　　三品李敦修

任觀象所技師叙奏任官六等　　　　　　　　　　　　六品劉漢鳳

任農商工部農務局長叙奏任官三等　　　　　　　　　九品李淙遠

任農商工部通信局長叙奏任官三等　　　　　　　　　三品趙秉敎

任農商工部商工局長叙奏任官四等　　　　　　　　　三品宋憲斌

任農商工部礦山局長叙奏任官四等　　　　　　　　　三品王濟肯

任農商工部會計局長叙奏任官五等　　　　　　六品兪星濬

任農商工部僉書官叙奏任官三等　　　　　　　三品吳世昌

　　　　　九品徐廷稷　　三品孫鵬九

任農商工部僉書官叙奏任官五等

任農商工部僉書官叙奏任官六等　　　　　　　六品趙鍾萬

　　　　　六品白喆鏞　　六品金澈榮　　六品具然壽

　　　　　六品朴致雲　　六品朴晶奎

任農商工部技師叙奏任官六等

任中樞院議長叙勅任官二等　　　　　　　　　正一品鄭範朝

任中樞院副議長叙勅任官二等　　　　　　　　正一品金永壽

　　　　　從一品閔泳煥　　從一品李裕承　　從一品徐正淳

　　　　　從一品徐相雨　　從一品嚴世永

任中樞院一等議官叙勅任官三等

　　　　　正二品尹用求　　正二品趙鍾弼　　從二品朴容大

　　　　　從二品趙臣熙　　從二品曹寅承　　從二品李重夏

　　　　　從二品李容觀　　從二品成歧運

任中樞院一等議官叙勅任官四等

　　　　　三品李載崑　　三品李聖烈　　三品趙民熙

　　　　　三品尹達榮　　三品姜友馨　　三品李根敎

　　　　　三品李憙翼　　三品呂圭亨　　三品任大準

　　　　　三品宋彦會　　三品尹相澈　　三品李周赫

　　　　　三品吳慶林

任中樞院二等議官叙奏任官三等

任中樞院僉書官叙奏任官四等　　　　　　　　三品宋榮大

任中樞院僉書官叙奏任官六等　　　　　　　　九品韓善會

任漢城裁判所判事叙奏任官六等　　　　　　　　三品韓昌洙

　　　　　三品安寧洙　　三品金基龍

任法部檢事叙奏任官六等

任漢城裁判所判事叙奏任官五等　　　　　　　三品任大準

　　法部檢事局長李宗稙　　　　　　法部檢事安寧洙

任高等裁判所檢事

　　　法部協辦李在正　　　　　　法部刑事局長張　博

　　　中樞院議官趙臣熙　　　　漢城裁判所判事任大準

任特別法院判事

　　以上四月一日

　　正誤

官報開國五百四年四月一日各部處務規程通則第九條[文書課]눈
[文書課]의誤植

　　仝第十五條第二項[文官은[官吏]의　誤植

官報開國五百四年四月二日官員銘心內則第三項[不合ᄒᄂ處가]下
의[有]字脫

閣令第四號起復行公의件中[命ᄒ미可]눈[命ᄒᆯ得]의誤植

官員懲戒處分內規第四條第二項[故犯]은[故造]의誤植

仝第五條[懲戒及懲成]은[懲戒]의誤植

官　報　第四號　開國五百四年四月五日　月曜　內閣記錄局官報課
　　勅令

朕이收入條規ᄅᆯ裁可ᄒ야頒布케ᄒ노라

大君主　　御押　御璽

　開國五百四年四月五日

　　　　　　內閣總理大臣金弘集

勅令第七十一號　度支部大臣　魚允中

○收入條規

　　第一章　歲入所屬年度區分

第一條　歲入所屬年度는左開ᄒᄂᆫ區分에依홈

第一　納期의一定　收入은其納期末日에屬ᄒᄂᆫ年度의歲入으로ᄒ

니但每年十月以後의納期에係ᄒᄂᆫ地稅는其翌年度稅入으로홈

第二　隨時收入으로徵收命令或納額告知ᄅᆯ發ᄒᄂᆫ者는該徵稅命令

或納告知書의日子에屬ᄒᄂᆫ年度의歲入으로홈

第三　隋時收入으로納額告知ᄅᆯ發치아니ᄒᄂᆫ者는其領收■日子의

屬ᄒᄂᆫ年度의歲入으로홈

　　第二章　收入調定

第二條　法律命令의規程에從ᄒ야租稅의賦課ᄅᆯ行ᄒᄂᆫ官吏는賦課

額元簿ᄅᆯ設備ᄒ야每一人의稅額을明케ᄒ미可홈

租稅外收入에關ᄒᄂᆫ事務ᄅᆯ直接處理ᄒᄂᆫ主任官吏는其納額元簿

ᄅᆯ設備ᄒ야每一人의納額을明케ᄒ미가홈

第三條　收入調定官은賦課額元簿或納額元簿에據ᄒ야租稅及其他

歲入을　調定ᄒ고徵稅命令或納額告知ᄅᆯ發ᄒᄂᆫ準備ᄅᆯᄒ미可홈

第四條　租稅及其他一般人民에게셔徵收ᄒᄂᆫ歲入에關ᄒ야셔는各

邑長官으로■收入調定官되게홈

關稅에關ᄒ야셔는各稅關長으로收入調定官되게홈

租稅外收入에關ᄒ야셔는直接이其事務ᄅᆯ管理ᄒᄂᆫ各廳長官으로

收入調定官되게홈

第三章　徵稅命令及納額告知

第五條　租稅의徵收에と收入調定官으로셔各納稅者에對で야徵稅命令을발で미可홈

租稅外收入의徵收에と收入調定官으로셔各納人에對で야納額告知를發で미可홈

第六條　徵稅命令은租稅의種類從에從で야各別名目으로發で미可홈

納額告知と收入의從で야各別名目으로發で미可홈

第七條　徵稅命令及納額告知書에と納稅者와혹納人姓名과納上でり가數額과稅目其他科目과年度와番號等을記載で고且其納上期日을明示で미可홈

第八條　徵稅命令及納額告知書と甲乙二欄의接續でと票券을用で미可홈

第九條　徵稅命令及納額告知と法律命令에規定でと納期로붓터十五日以前에發で미可홈

法律命令에納期를規定치아인者及其他隨時收入에係でと者と徵稅命令或納額告知를發でと時에當で야收入調定官이十五日以內에相當　期日을定で미可홈

第十條　收入調定官이徵稅命令或納額告知을發でと時と同時에■一人條稅額調書或一人條納額調書를徵稅署에送付で미可홈

第四章　面村里의分賦徵稅及納稅代人

第十一條　徵收で미當然■租稅中에從來面村里의自擔で미可■納稅摠額을定で야一併該面村里에賦課で고該面村里と다시戶口에分賦で야徵收でと　慣例가有でと者と其慣例를存續で야該面村里로셔一個納額者로看做で야徵稅命令을發で믈得홈

本條境遇에當で야各自分納額을滯納■者가有■と時의措置方法은

該面村里에셔熟議豫定ᄒ야셔其邑長官의認許를經ᄒ미可홈

第十二條　各納稅者ᄂ面村里等一定■區域內에셔互相熟議ᄒ야適當■總代人을選ᄒ야委託ᄒ야租稅를納上케ᄒ믈得호■但此境遇에ᄂ收入調定官은各納稅者의納稅을合ᄒ야一併納稅命令을發ᄒ고別로一人條稅額調書를添付ᄒ믈得홈

第十三條　前條納稅總代人되ᄂ者ᄂ該面村里其他統合ᄒᄂ同一區域內에　居住ᄒ야恒産이有ᄒ야租稅를現納ᄒᄂ丁年以上男子를要호■但納稅總代人을選홈과又其報酬를定ᄒ기ᄂ各其邑長官의認許를經ᄒ미可홈

第十四條　財産을指定ᄒ야賦課ᄒᄂ租稅에納稅者가其課稅財産의在ᄒᄂ邑에居住치아닌則納稅事務를辦理케ᄒ믈爲ᄒ야適當■代人을定ᄒ야各邑長官에게告報ᄒ미可호■但此境遇에ᄂ收入調定官은徵收命令을該代人에게交付ᄒ미可홈

前項納稅代人되ᄂ者ᄂ課稅財産의在ᄒᄂ邑에居住ᄒᄂ者를要홈

第十五條　納稅者及其他納人이若或納期에際ᄒ야其家에在치아닌則其家族或管財者가納上ᄒ미可홈

　　　第五章　納上給領收

第十六條　租稅及其他歲入은會計法第十五條但書에規定ᄒᄂ者를除ᄒᄂ外에納稅者或其他納人으로ᄒ야곰其徵稅命令或納額告知書에指稅ᄒᄂ徵稅署에納上케홈

第十七條　納稅者或其他納人이租稅及其他歲入을徵稅署에納上ᄒᄂ時ᄂ其徵稅命令或納額告知書를携帶ᄒ미可홈

徵稅命令或納額告知書의添付가無ᄒᄂ金錢物件은徵稅署에셔領收ᄒ믈得지못호■但納稅者及其他納人이徵稅命令或納額告知書를紛失ᄒᄂ境遇에收入調定官의證明이有ᄒᄂ者ᄂ此限에在치아니홈

第十八條 徵稅署官吏가租稅及其他歲入의納上을接受ᄒᆞᄂᆞᆫ時에ᄂᆞᆫ
其納額에過不足이果無ᄒᆞᄂᆞᆫ가否ᄒᆞ며其品質品種等이丁寧히合規
ᄒᆞᄂᆞᆫ가否ᄒᆞᆷ을精查ᄒᆞ야失誤가無ᄒᆞᆷ을認ᄒᆞᄂᆞᆫ後에곳領收ᄒᆞᆷ이可홈

第十九條 徵稅署官吏가前條에依ᄒᆞ야租稅及其他歲入을領收ᄒᆞᄂᆞᆫ
時에ᄂᆞᆫ 立卽接續表劵을分截ᄒᆞ야其甲號票則■置ᄒᆞ고其乙號票則
領收日子를記入ᄒᆞ고徵稅署長이其傍에證印■後에携來者에게還付
ᄒᆞᆷ이可홈

第二十條 納稅者及其他納人이前條證印을得ᄒᆞ면租稅及其他歲入
을納上ᄒᆞᆷ이可 義務를終ᄒᆞᄂᆞᆫ者로홈

徵稅署長은領收■日子를其分截■甲號票劵에記入하고其傍에證印
ᄒᆞ야此를據ᄒᆞ야收納ᄒᆞᄂᆞᆫ記帳을ᄒᆞᆷ이可홈

第二十一條 第十一條와第十二條에規定■바에在■者則該面村里
의或納稅總代人으로ᄒᆞ여곰適意로分納케ᄒᆞᆷ을得홈

分納租稅를領收■則徵稅命令中에其領收金額과日子를記入ᄒᆞ고■
徵稅署長이此에證印ᄒᆞ야每次에其携來者에게還付ᄒᆞᄂᆞ니接續票
劵은完納에至ᄒᆞ야分截ᄒᆞᆷ이可홈

第二十二條 會計法第十五條但書의規定에依ᄒᆞ야租稅及其他歲入
을各廳에直收納코져■則當該收入調定官이度支部大臣에게承認을
豫經ᄒᆞᆷ이可홈

第二十三條 各廳에直收納ᄒᆞᄂᆞᆫ租稅及其他歲入은主任官吏가誠實
히保管ᄒᆞ고度支部大臣의指定ᄒᆞᄂᆞᆫ方法에從ᄒᆞ야定期或臨時에出
納局管稅司或徵稅署에送納히ᄆᆞ미可홈

  第六章 課稅不服者

第二十四條 租稅及其他歲入에賦課를被ᄒᆞᄂᆞᆫ者가其賦課處分을不
當ᄒᆞ다 則其處分을行■官廳으로붓터上級官廳에訴願ᄒᆞ야該處分

의 更正或撤銷을 請호믈 得호■但此를 爲호야其賦課額의徵收를 寬停치아니홈

第二十五條　前條訴願後에前의處分을 更正호며或撤銷호엿거든이의徵收　其租稅及其他歲入을還付홈

第七章　追徵及還付

第二十六條　租稅及其他歲入의徵收가若或不足이有■則收入調定官은其不足額을追徵호믈 爲호야隨時收入의例를依호야다시徵稅命令或納額告知를發호미可홈

第二十七條　租稅及其他歲入이若或過納或錯誤가有■則收入調定官은其過誤納의數額과事由를 具호야度支部大臣에게對호야卽納額還付의承認을求호미可홈

第二十八條　前條境遇에當호야度支部大臣의承認이有■則收入調定官은徵稅署에通牒호고同時에本人에게告知호야還付額을受領케호미可호■但其年度의出納이閉鎖■後에係則度支部大臣은現年度의歲出로호야支出호미可홈

第二十九條　收入調定官은每月에收入調定額報告書를 調製호야翌月五日을限호야管稅司長에게發送호미可홈

第三十條　徵稅署長은收入을記錄호는帳簿의結末에據호야每月에收入報告書를 調製호야翌月十日을限호야管稅司長에게發送호미可홈

第三十一條　管稅司長은前條의收入報告書에據호야每月에收入合計報告書를 調製호야翌月中을期호야度支部司稅局에發送호미可홈

第三十二條　度支部司稅局은前條의收入合計報告書에據호야每月에收入總報告書를 調製호야度支部大臣에게提出호미可홈

第三十三條　現金의管理及送納의規程은別定█바에依홈

第三十四條　徵稅命令과納額告知書와帳簿와計筭報告書에關ᄒᆞᄂ
式樣은　度支部大臣이定홈

第九章　雜則

第三十五條　本令에租稅라稱ᄒᆞᄂ者ᄂ法律勅令의規程或舊來成例
에依ᄒᆞ야　土地와戶口와諸般營業及物件에賦課ᄒᆞ야國庫에收納ᄒ
미可各種收入을謂홈

第三十六條　本令에租稅外收入이라稱ᄒᆞᄂ者ᄂ官有財産收入과官
業收入과　罰金과沒收金과還納金과其他國庫에受納ᄒ미가前條以
外의諸收入을謂홈

　　　　　　○

朕이支出條規ᄅᆞᆯ裁可ᄒᆞ야頒布케ᄒᆞ노라

大君主　御押　　御璽

　開國五百四年四月五日

　　　　　　內閣總理大臣金弘集

　　　　　　度支部大臣　魚允中

勅令第七十二號

○支出條規

　第一章　歲出所屬年度區分

第一條　歲出所屬年度ᄂ左開ᄒᆞᄂ區分에依홈

第一　出給期日을規定ᄒᆞᄂ支出은其出給期日에屬ᄒᆞᄂ年度의歲出
로홈

第二　隨時支出을決定ᄒᆞᄂ者ᄂ其決定을發表ᄒᆞᄂ日子가屬ᄒᆞᄂ年
度의歲出로홈

第三　前二項類別外ᄂᆞᆫ一切出給命令의日子가屬ᄒᆞᄂᆞᆫ年度의歲出로홈

第二章　出給豫筭

第二條　各部大臣은每年度決定ᄒᆞᄂᆞᆫ豫筭定額에基ᄒᆞ야各出給命令官에屬ᄒᆞᄂᆞᆫ經費月額을定ᄒᆞ고出給豫筭을調製ᄒᆞ야度支部大臣에게送付ᄒᆞ야其承認을受ᄒᆞ미可홈

第三條　各部大臣이出給豫筭을更定코져■則其更定을要ᄒᆞᄂᆞᆫ金額과理由ᄅᆞᆯ祥具ᄒᆞ야調書ᄅᆞᆯ製ᄒᆞ야度支部大臣의承認을受ᄒᆞ미可홈

第四條　諸經費中에셔出給期日을豫定키難■者ᄂᆞᆫ其支出을要ᄒᆞᄂᆞᆫ時마다出給豫筭을調製ᄒᆞ야度支部大臣의承認을受ᄒᆞ미可홈

第五條　各部大臣은出給豫筭의承認을受ᄒᆞᄂᆞᆫ後아니면其年度의豫筭定額에對ᄒᆞ야出給命令을發ᄒᆞᄆᆞᆯ得지못호　但每會計年度의初一個月條ᄂᆞᆫ年額十二分의一[閏月은十三分의一]에不超ᄒᆞᄆᆞᆯ限ᄒᆞ야其承認을受치아니ᄒᆞ야도出給命令을發ᄒᆞᄆᆞᆯ得홈

第三章　出給命令

第六條　各部大臣이會計法第二十條後段의規程에依ᄒᆞ야他官吏에게委任ᄒᆞ야其所管定額의出給命令을發케ᄒᆞᄂᆞᆫ時ᄂᆞᆫ出給豫筭額을定ᄒᆞ야委任ᄒᆞ미可홈

委任을受ᄒᆞᄂᆞᆫ出給命令官은其發ᄒᆞᄂᆞᆫ出給命令에就ᄒᆞ야責任이有홈

第七條　出給命令官은諸凡出給命令을發ᄒᆞ기前에其經費가正當ᄒᆞ고必要　가否ᄒᆞᄆᆞᆯ調査ᄒᆞ며又該經費의金額을筭定ᄒᆞ고且該經費가出給豫筭額에超過ᄒᆞᄂᆞᆫ가否ᄒᆞ미며支出科目及所屬年度ᄅᆞᆯ誤ᄒᆞᄂᆞᆫ가否ᄒᆞ미며或該經費가豫筭에定ᄒᆞᄂᆞᆫ바에名目에達ᄒᆞᄂᆞᆫ가否ᄒᆞᄆᆞᆯ調査ᄒᆞ미可홈

第八條　出給命令은每一項으로發ᄒᆞ미可홈

第九條　出給命令에ᄂᆞᆫ債主若或其代理人의姓名과出給ᄒᆞ미可■金

額과支出科目과年度及番號等을記載ㅎ미可호█但支出科目이同一

者는數人債主에對ㅎ야集合出給命令을發ㅎ고別로各債主에區別

ㅎ는計開書를添付ㅎ믈得홈

現今先授의出給命令은其先授를應受홀자의官名職名其他資格을

記載ㅎ미可홈

第十條　通常出給命令은出給命令官으로債主와或其代理人에交付

ㅎ미가홈

集合出給命令은出給命令官으로各債主를代表ㅎ는資格을有ㅎ는

者에게交付ㅎ미可홈

現金先授의出給命令은其先授를應受홀官吏或其他當務者에게交

付ㅎ미可홈

第十一條　出給命令의交付를受ㅎ는者는出給命令官에對ㅎ야領收

證書를　提出미可홈

第十二條　出給命令官이出給命令을債主와其他各人에게交付코져

ㅎ는時는미리出給命令書을金庫에送付ㅎ미可홈

第十三條　　現金先授의出給命令은左開ㅎ는區分에從ㅎ야發ㅎ미

可홈

第一　常時費用에係ㅎ는者는每一個月費額을豫定ㅎ야出給命令을

發ㅎ미可호█但在外各廳의經費와其他一切外國에셔出給ㅎ는經費

와金庫未設地方에셔出給ㅎ는經費는其事務의必要에有ㅎ야三個

月以內費額을合ㅎ야一倂出給命令을發ㅎ믈得홈

第二　隨時費用에계ㅎ는所要의費額을豫定ㅎ고事務의無碍ㅎ믈期

ㅎ야되도록數回에分ㅎ야出給命令을發ㅎ미可홈

第十四條　出給命令은所屬年度經過後滿三個年以內는出給의請求

가有ㅎ는時마다金庫에셔出給ㅎ는者로홈

第十五條　一年度에屬ㅎㄴ經費를精筭ㅎ야出給命令을發ㅎ믄翌年度三月末日로限홈

第四章　出給命令의執行

第十六條　金庫에셔ㄴ休日을除ㅎㄴ外에每日其開庫時間內ㄴ何時라도出給命令을携來ㅎㄴ者에對ㅎ야出給命令과現今을交替ㅎ야交付ㅎ미可호　但臨時에要急█境遇에當ㅎ야出給命令官의特命이有ㅎㄴ者ㄴ休日或開庫時間外라도其出給을執行ㅎ며可홈

第十七條　金庫ㄴ左開ㅎㄴ境遇에當ㅎ야셔ㄴ事由를出給命令携來者에게告ㅎ야出給命令의執行을拒ㅎ미可홈

第一　出給命令副書가未到ㅎㄴ時

第二　出給命令과出給命令副書가符合치아니ㅎㄴ時

第三　出給命令이汚損ㅎ야出給命令副書와照合ㅎ기難　時

제십팔조　前條境遇에當ㅎ야金庫가出給命令官으로셔該出給命令或副書의　訂正報告를受ㅎ며或該命令이正當ㅎ기를保證ㅎㄴ憑單을受치아니　則其出給을執行ㅎ믈得지못홈

第十九條　各年度經費의出給命令으로翌年五月末日가지出給의請求를아니　則該額에相當ㅎㄴ資金은會計法第二十五條歲計剩餘中에編入치아니ㅎ고國庫에셔推移整理ㅎ미可홈

第二十條　前條資金中에셔年度經過後滿三個年內에出給의請求가無ㅎ고　會計法第二十九條欺滿免除의規程에依ㅎ야政府가負債의義務를免ㅎ믈爲ㅎ야用치아니미되ㄴ者ㄴ其負債를期滿免除되ㄴ年度의歲入中에編入ㅎ可홈

第五章　出給及回收

第二十一條　出給命令을發付█後에出給不足額이有ㅎ믈發見█則出給命令官은其不足額을追給ㅎ믈爲ㅎ야普通例規를從ㅎ야다시

出給命令을發ᄒ미可홈

第二十二條　出給命令을發付■後에過給或誤給이有ᄒ믈發見■則出給命令官은其金額과事由를受給者에게告知ᄒ고同時에金庫로通牒ᄒ야該過誤급액을金庫로回收ᄒ게■ᄂ例規를行홈

第二十三條　金庫ᄂ前條에依ᄒ야過誤給額을回收■則會計法第二十八條의規程에從ᄒ야其年度의定額中에還入하고或現年度의歲入중에編入ᄒ미可홈

第六章　計筭報告

第二十四條　出給命令官은每月에出給命令額報告書를調製ᄒ야翌月十日을　限ᄒ야所管大臣에게送付ᄒ미可홈

第二十五條　各部大臣은前條의出給命令額報告書에據ᄒ야每月에出給命令額總報告書를調製ᄒ야翌月二十日을限ᄒ야度支部大臣에게送付ᄒ미可홈

第二十六條　金庫ᄂ其支出을記錄ᄒᄂ帳簿의結末에據ᄒ야每月에支出報告書를調製ᄒ야翌月十日을限ᄒ야度支部大臣에게提出ᄒ미可홈

第二十七條　現金先授를受ᄒᄂ官吏ᄂ所管大臣의指定ᄒᄂ方法에從ᄒ야　定期或臨時에其出ᄒᄂ計筭을行ᄒ미可홈

第二十八條　金庫의管理及出納의規程은別定■바에依ᄒ미可홈

第二十九條　出給豫筭과出給命令과帳簿及計筭報告에關ᄒᄂ式樣은度支部大臣이定홈

附則

第三十條　本令第五條에揭ᄒᄂ會計年度初一個月은開國五百四年年度에在ᄒ야ᄂ會計法施行의初一個月로홈

○

朕이收入條規及支出條規는■現今間各道營邑鎭驛及各稅關에施行
치아니ᄒᄂᆫ件을裁可ᄒ야頒布케ᄒ노라

　　　大君主　御押　御璽

　　　　開國五百四年四月五日

　　　　　　內閣總理大臣金弘集

　　　　　　度支部大臣　魚允中

勅令第七十三號

收入條規及支出條規는現今間各道營邑鎭驛及各稅關에施行치아
니홈

○

朕이各邑賦稅所章程을裁可ᄒ야頒布케ᄒ노라

　　　大君主　御押　御璽

　　　　開國五百四年四月五日

　　　　　　　內閣總理大臣金弘集

　　　　　　　度支部大臣　魚允中

勅令第七十四號

○各邑賦稅所章程

第一條　各邑에賦稅所를實ᄒ고■租稅及其他歲入賦課에關ᄒᄂᆫ事
務를掌理케홈

第二條　各邑賦稅所員은邑吏員으로充ᄒ야邑長官의命을承ᄒ야各
其事務를　分掌케홈

第三條　各邑에賦稅所事務槪項이左와如홈

第一　田制及地籍에關ᄒᄂᆫ事務를處理ᄒᄂᆫ事

第二 地稅雜稅及租稅外收入賦課에關ᄒᆞᄂᆞᆫ事務를處理ᄒᆞᄂᆞᆫ事

第三 浦落成川覆沙海溢及其他陳結을檢查ᄒᆞ고幷其地稅減免에關ᄒᆞᄂᆞᆫ事務를處理ᄒᆞᄂᆞᆫ事

第四 風損水損旱損蟲損과其他災結을檢查ᄒᆞ고幷其地稅減免에關ᄒᆞᄂᆞᆫ事務를處理ᄒᆞᄂᆞᆫ事

第五 新起田還起田을檢查ᄒᆞ고幷其賦稅額을査定ᄒᆞᆯ事

第六 土地에關ᄒᆞᄂᆞᆫ簿冊을管理ᄒᆞᄂᆞᆫ事

第七 地稅雜稅及租稅外收入賦課에關ᄒᆞᄂᆞᆫ帳簿를設備並整理ᄒᆞᄂᆞᆫ事

第八 徵稅命令及納額告知書를調製並發布ᄒᆞᄂᆞᆫ事

第九 地稅雜稅及租稅外收入賦課에關ᄒᆞᄂᆞᆫ計算報告를調理ᄒᆞᄂᆞᆫ事

第四條 各邑賦稅所ᄂᆞᆫ租稅及其他歲入에屬ᄒᆞᄂᆞᆫ現金及物件을領受ᄒᆞᆷ을得지못ᄒᆞᆷ

第五條 各邑長官은賦稅事務에就ᄒᆞ야管稅司의監督을受ᄒᆞᆷ

第六條 新起田還起田의賦稅額을定ᄒᆞ고 陳結災結에係ᄒᆞᄂᆞᆫ租稅減免等總稅額增減에關ᄒᆞᄂᆞᆫ處分은度支部大臣의認許를經ᄒᆞᆷ을要ᄒᆞᆷ

第七條 各邑賦稅所員이或陳結災結或新起田還起田趨田等實地檢查를行ᄒᆞᄂᆞᆫ바ᄂᆞᆫ每次邑長官命令을承ᄒᆞ미可ᄒᆞᆷ

度支部大臣은別定 規程을依ᄒᆞ야管稅司管理를派ᄒᆞ야前項검사를叅會케ᄒᆞᆷ

附則

第八條 本令은徵稅署設置와갓티漸次로各邑에게旅行ᄒᆞᆷ

辭令

内閣總書勅任官四等兪吉濬

外部協辦勅任官三等李完用

給一級俸　　　　軍部協辦勅任官三等李鳴善

軍部協辦勅任官三等權在衡

法部協辦勅任官三等李在正

學部協辦勅任官三等高永喜

農商工部協辦勅任官三等李采淵

給二級俸　　　　以上四月一日

官　報　第五號　開國五百四年四月六日　火曜　內閣記錄局官報課
　　　　叙任及辭令

免本官　　　　　　　　楊洲牧使任光鎬

任楊洲牧使　　　　　　竹山府使李斗璜

署理咸鏡監司事務　　　咸鏡南道兵馬節度使許瓛

　　　　彙報
　　　○雜事
四月初五日自申時至酉時灑雨下雨測雨器水深二分
四月初五日夜自一更至初六日開東灑雨下雨測雨器水深九分

官　報　第六號　開國五百四年四月七日　水曜　內閣記錄局官報課
　　　　告示
○內部告示

開國五百四年三月二十九日

勅令第六十七號自今公私禮服中褡護를除ᄒ고進宮時■帽靴絲帶를

用ᄒ고ᄂᆫ周衣ᄂᆫ官民이一體로黑色類를從ᄒ라ᄒ시니本大臣은謹

惟此次

大君主陛下게ᄋᆞ셔官民을一視ᄒ시ᄂᆫ蕩蕩至公無私ᄒ신

聖德으로官民을一視ᄒ사衣制上으로라도조곰도官民의區別을不

立ᄒ시미며且黑色類를從ᄒ라ᄒ시믄各其便宜를從ᄒ야아모죠록

此色類를從ᄒ게ᄒ시ᄂᆫ

聖意시니凡我

大君主陛下의臣民되ᄂᆫ者ᄂᆫ맛당히이러ᄒ신

聖意를奉承ᄒ야外面의官民同一　衣制를用홀　아니라中心愛國

ᄂᆫ性氣가官民間區別업시믈企望홈

開國五百四年四月初五日

　此告示ᄂᆫ成丁　官民에게홈이요

婦女童穉勿論홈

　　　限令今月二十日

　　彙報

　○雜事

四月初六日自開東至酉時灑雨下雨測雨器水深一寸三分

官　報　第七號　開國五百四年四月八日　木曜　內閣記錄局官報課

　　　勅令

朕이金庫規則을裁可ᄒ야頒布케하노라

大君主　御押　御璽

　開國五百四年四月七日

　　　　　　內閣總理大臣金弘集

　　　　　　度支部大臣　魚允中

勅令第七十五號

　　金庫規則

第一條　金庫ᄂᆞᆫ國庫에屬ᄒᆞᄂᆞᆫ現金을保管ᄒᆞ며出納ᄒᆞᄂᆞᆫ者로홈

第二條　金庫ᄂᆞᆫ度支部大臣이管理ᄒᆞ야度支部出納局으로ᄒᆞ곰其

職務ᄅᆞᆯ行케홈

度支部出納局長은金庫에셔現金을保管出納ᄒᆞ기에關ᄒᆞ야一切責

任을有홈

第三條　度支部大臣은將來其須要에從ᄒᆞ야漸次各地方便宜█處所

에出納局支署ᄅᆞᆯ設ᄒᆞ며或政府의監督을受ᄒᆞᄂᆞᆫ銀行會社等으로ᄒᆞ

야곰金庫事務의一部ᄅᆞᆯ行케ᄒᆞᆷ을得홈

第四條　度支部大臣은特別히檢查官吏ᄅᆞᆯ命ᄒᆞ야金庫의金櫃帳簿ᄅᆞᆯ

檢查ᄒᆞᄂᆞᆫ事가有ᄒᆞ미可홈

第五條　金庫의開庫時間은政府의視務時間에從홈

第六條　金庫에셔領收ᄒᆞᄂᆞᆫ現金은其出納元金으로ᄒᆞ미可홈

第七條　　金庫ᄂᆞᆫ適法█命令이有치아닌則其出給을執行ᄒᆞᆷ을得지

못홈

第八條　每年度所屬의歲入歲出金을金庫에셔出納ᄒᆞᆫᄇᆞᆫ翌年五月末

日을限으로홈

第九條　金庫의計算記帳及金櫃의管理並金庫의檢查에關ᄒᆞᄂᆞᆫ規程

은度支部大臣이定홈

○

朕이出納官吏規則을裁可ᄒ야頒布케ᄒ노라

大君主　御押　御璽

　開國五百四年四月七日

　　　　　　內閣總理大臣金弘集

　　　　　　度支部大臣　魚允中

勅令第七十六號

　出納官吏規則

　第一章　出納官吏의責任及其監督

第一條　凡出納官吏라稱ᄒᄂ者의槪別이左와如홈

第一　度支部出納局長

第二　金庫規則第三條에依ᄒ야金庫職務를行ᄒᄆ可官吏及銀行會社等의　管理者

第三　管稅司長

第四　徵稅署長

第五　會計法第十五條但書에依ᄒ야租稅及其他歲入을領收ᄒᄂ官吏

第六　會計法第二十一條第二項에依ᄒ야現金先授를受ᄒᄂ官吏及其他當務者

第七　前各項外一切政府에屬ᄒᄂ現金物品의出納을掌ᄒᄂ官吏

第二條　出納官吏ᄂ其責任에屬ᄒᄂ會計에關ᄒ야事務를親行치아니ᄒᄆ로　理由를삼아其責任을免ᄒ믈得지못ᄒ니但出納官吏의職務를命ᄒ며免ᄒᄂ權을有ᄒᄂ上官이其代理者를特定■則該代理者에關ᄒ야ᄂ此限에在치아니홈

前項代理者ᄂ其代理中에行ᄒᄂ事에對ᄒ야會計法第三十一條의

責任을免치못ᄒᆞᄂᆞᆫ者로홈

第三條　出納官吏ᄂᆞᆫ現金或物品의出納에關ᄒᆞ야度支部大臣의指揮監督을受홈

度支部大臣은檢査官吏ᄅᆞᆯ派遣ᄒᆞ야出納官吏의金櫃倉庫及帳簿ᄅᆞᆯ檢査ᄒᆞᄂᆞᆫ事가有ᄒᆞ미可홈

第四條　各部大臣이出納官吏ᄅᆞᆯ命ᄒᆞ며免ᄒᆞᄂᆞᆫ時에ᄂᆞᆫ立卽度支部大臣에게　通告ᄒᆞ미可홈

會計法第十五條但書에依ᄒᆞ야租稅及其他歲入을領收ᄒᆞᄂᆞᆫ官吏의職務ᄂᆞᆫ所屬長官이命ᄒᆞ며免ᄒᆞ고該長官으로셔其時에度支部大臣에게報告ᄒᆞ미可홈

　第二章　出納計筭書

第五條　徵稅署長은其出納을記入ᄒᆞᄂᆞᆫ帳簿의結末에據ᄒᆞ야每月에出納計筭書ᄅᆞᆯ調製ᄒᆞ야翌月十日을限ᄒᆞ야管稅司長에게發送ᄒᆞ미可홈

徵稅署에게셔接受ᄒᆞᄂᆞᆫ徵稅命令納額告知書及其他票劵은前項計筭書의證憑으로ᄒᆞ야每月에類別保存ᄒᆞ미可홈

度支部大臣第六條　管稅司長은其出納을登記ᄒᆞᄂᆞᆫ帳簿의結末에據ᄒᆞ야每月에出納計筭書ᄅᆞᆯ調製ᄒᆞ야度支部大臣에게提出ᄒᆞ미可홈

管稅司에셔受接ᄒᆞᄂᆞᆫ送納書回送書及其他票劵은前項計筭書의證憑으로ᄒᆞ야每月에類別保存ᄒᆞ미可홈

第七條　第五條의出納計筭書ᄂᆞᆫ管稅司長이調査ᄒᆞ야前條의計筭書와함　度支部大臣에게提出ᄒᆞ미可홈

第八條　金庫ᄂᆞᆫ現金의出納을登記ᄒᆞᄂᆞᆫ帳簿의結末에據ᄒᆞ야每月에出納計筭書ᄅᆞᆯ調製ᄒᆞ야度支部大臣에게提出ᄒᆞ미可홈

金庫에셔受接ᄒᆞᄂᆞᆫ■出給命令及送納書其他票劵은前項計筭書의證

憑으로ᄒ야每月에類別保存ᄒ미可홈

第九條　度支部出納局長은國庫에設備ᄒᄂ帳簿의結末에據ᄒ야每月에出納總計筭書를調製ᄒ야度支部大臣에게提出ᄒ니可홈

第十條　金庫規則第三條에依ᄒ야金庫의職務를行ᄒ미可■官吏及銀行會社等의管理者의出納計筭에關ᄒ야ᄂ第八條의規程을適用홈

第十一條　會計法第十五條但書에依ᄒ야租稅及其他歲入을領收ᄒᄂ官吏의　出納計筭에關ᄒᄂ規程은度支部大臣이定홈

第十二條　會計法第一條第二項에依ᄒ야現金先授를受ᄒᄂ官吏及其他當務者의出納計筭에關ᄒᄂ規程은度支部大臣이各部大臣과協議　後에定홈

第十三條　政府에屬ᄒᄂ物品의出納計筭에關ᄒᄂ規程은度支部大臣이各部大臣과協議■後에定홈

第十四條　出納官吏가交遞ᄒᄂ時ᄂ前各條의出納計筭書를其交遞時에調製ᄒ야提出ᄒ고並諸票券을類別整理ᄒ미可홈

前項計筭書에ᄂ後任官吏로셔現存ᄒᄂ金錢物品의傳掌을受ᄒᄂ事를證明ᄒᄂ文書를領受ᄒ야添付ᄒ미可홈

第十五條　出納官吏가身故及其他事故에有ᄒ야親히計筭書를調製치못ᄒᄂ時ᄂ各部大臣이特命ᄒᄂ官吏로ᄒ야곰調製케홈

會計法第十五條但書에依ᄒ야租稅及其他歲入을領收ᄒᄂ官吏로셔前項事故잇ᄂ者ᄂ其所屬長官의特命ᄒᄂ官吏로ᄒ야곰該計筭書를調製케홈

第十六條　出納官吏의計筭書ᄂ提出後에■修正變更ᄒ믈得지못홈의믜提出■計筭書의計筭을更訂코져ᄒᄂ時ᄂ更正報告或說明書를提出ᄒ미可홈

第十七條　出納官吏가定期內에計筭書룰提出치아니ᄒ거나或不實
■證明을ᄒ거나ᄒᄂ時ᄂ度支部大臣은其情狀에依ᄒ야罰俸三個月
以內룰과ᄒ믈得홈

各部大臣이命ᄒᄂ出納官吏의懲罰은度支部大臣의通告에依ᄒ야
該部大臣이前項의處分을ᄒ미可홈

第十八條　出納帳簿及計筭書의式樣은度支部大臣이定홈

　　　　　○

朕이　內國旅費支給規程을裁可ᄒ야頒布케ᄒ노라

　大君主　御押　御璽

　　　開國五百四年四月七日

　　　　　　　　內閣總理大臣金弘集

　　　　　　　　度支部大臣　魚允中

勅令第七十七號

　內國旅費支給規程

第一條　內國旅費ᄂ官吏가公務로本邦內룰旅行ᄒᄂ時에當ᄒ야■
旅行中一切費用에充ᄒ믈爲ᄒ야給홈

第二條　內國旅費ᄂ左開區別에從ᄒ니轎馬費ᄂ里程을湊船費ᄂ海
里程음[一海里ᄂ略四里에當홈]日費ᄂ日數룰準ᄒ야給ᄒ미可홈

旅費等級	官等	轎馬費每十里	湊船費每一海里	日費每一日
一等	勅任官一等	六兩	五戔	二十兩
二等	勅任官二三四等	三兩五戔	四戔	十二兩五戔
三等	奏任官	二兩	三戔	六兩五戔
四等	判任官	一兩二戔五分	二戔五分	二兩五戔
五等	雇	七戔五分	二戔	二兩五戔

第三條　旅行의性質에依ᄒ야所屬長官으로特別히現費出給의許可

룰受ᄒᄂ者ᄂ其現費外에別로轎馬費渡船費及日費룰給지아니홈

第四條　里程이五十里에充치아니ᄒᄂ旅行에ᄂ日費룰給지아니호
■但公務便宜에依ᄒ야旅行中에投宿을要ᄒᄂ時ᄂ其投宿의日數에
應ᄒ야日費룰給ᄒ미可홈

第五條　檢田測量及土木工事等을爲ᄒ야實地룰巡視ᄒᄂ時ᄂ轎馬
費룰給지아니ᄒ고다만日費額의十分의三을增給ᄒ미可홈

第六條　旅行中에廢官身故又退官의命을受■者ᄂ前官의　例룰準
ᄒ야舊任地가지의旅費룰給ᄒ미可호■但此境遇에ᄂ百里룰一日에
折筭ᄒ야其日數에應照ᄒ야日費룰給ᄒ니其百里에充치아니ᄒᄂ
零數ᄂ一日로筭ᄒ미可홈

第八條　各部大臣은度支部大臣과協議ᄒ야定額의旅費룰減額ᄒᄆ
得홈

第九條　此規程施行의細則은度支部大臣이定홈

官　報　第八號　開國五百四年四月九日　金曜　內閣記錄局官報課
　　　　　　叙任
　　　　　　崔錫敏　洪在箕　金吉鍊　李啓馨　朴承嚇
　　　　　　丁在寬　宋岐玉　崔基鉉
任內閣主事叙判任官三等
　　　　　　金明鎬　金準用　張鴻植　安殷鼎　鄭弼源
　　　　　　安壽南　金澤榮
任內閣主事叙判任官六等
　　　　　　鄭恒謨　裴喆淳
任內閣主事叙判任官八等

安琦善　玄隲

任內部主事敘判任官二等

洪慶植　金孝益　廉圭桓　李範德　李石齡

兪鎭哲　崔有鵬　權明勳　李輝遠

任內部主事敘判任官四等

金永秊　鄭禹敎　嚴柱沆　朴琪俊　李復榮

咸仁鶴　李鴻來　申泰游　廉錫夏

任內部主事敘判任官五等

金人碩　徐龍植　朴齊晚　徐相大

任內部主事敘判任官六等

李相衍　李翼龍　吳在珪

任內部主事敘判任官七等

任軍部錄事敘判任官四等　　　　　　　徐相喆

任軍部錄事敘判任官五等　　　　　　　洪夔觀

梁柱弘　高允永　李吉煥　吳仁庚　金顯윤

李東爀　朴齊璿　朴基昌　蔡章默

任軍部主事敘判任官四等

李夏鍾　曹錫訥　洪　　　崔采鵬

任軍部主事敘判任官五等

金學顏　徐光軾　李鳳魯　吳敬倫　洪慶勳

任軍部主事敘判任官六等

方漢鵬　李聖奎　張容植　白應瀋　張顯奎

任軍部主事敘判任官七等

金基肇　李度翼　吳世光　柳基泳　吳容默

任法部主事敘判任官二等

姜璡熙　奇東衍　安國楨　李命倫　張鳳煥

鄭勳敎　趙敬植

任法部主事叙判任官三等

朴佑陽　金駿漢　金義濟　權在運

任法部主事叙判任官六等

徐相允　崔文鉉　金喆善　朴泰楨　金晉圭

李徽善　楊孝健　金思鉉　丁國敎　金洛憲

鞠基春

任法部主事叙判任官八等

李海德　權柔爕　李弻均　宋圭善

任學部主事叙判任官二等

任學部主事叙判任官四等　　　　　　　　　　　金用濟

朴基福　吳顯益　金禎潤

任學部主事叙判任官五等

金圭鉉　洪在疇　李道均

任學部主事叙判任官六等

全泰善　金宅周

任觀象所技手叙判任官二等

李秉懋　李容善

任觀象所書記叙判任官二等

崔文鉉　孫永吉　金輔炯　金樂集　玄濟復

任農商工部主事叙判任官二等

李允杲　姜準

任農商工部主事叙判任官四等

金永基　鄭憙煥　金永燦　趙義贇　嚴台永

洪在夏　徐相鵬　方敬喜　金禹熙　朴勝轍

白英默

任農商工部主事叙判任官五等

以上四月一日

正誤

開國五百四年四月五日官報第四號中

一　收入條規第一條第二或納告知書의納下에[額]字를脫

一　同第十一條第二項[納額을滯納]者가[有　]은[有ㅎ]의誤라

一　第十六條[指稅]는[指定]의誤植

一　同第二十一條[該面村里]下[의]字를刪除

一　支出條規第十一條[提出]下에[ㅎ]字를脫

一　同第十七條第三項[　損]는[汚損]의誤植

一　同第二十七條[其出]下[給]字를脫

一　各邑賦稅所章程第七條[每次長官]下[의]字를脫

官　報　第九號　開國五百四年四月十日　土曜　內閣記錄局官報課

叙任及辭令

韓在鎭　李長植　金喆鉉　趙漢商　尹榮兌

柳譚　李範臣

任度支部主事叙判任官二等

任度支部主事叙判任官四等　　　　　　　　　　　金近植

金秉圭　柳枝秀　尹鳳鉉　趙漢晳　權直相

韓晩容　吳漢翼　盧英鎭　邊世煥　尹泰興

任度支部主事叙判任官五等

　　　　金鳳煥　韓承履　李容淳　卞志沆　李容立

　　　　姜元魯　洪祜錫　田龍圭

任度支部主事叙判任官六等

　　　　秦永濂　李尙珪　朴永耆　宋熙完　柳瑾

　　　　孟一鎬　安喆善　尹泰觀　尹孝定　李建八

　　　　鄭瑀鎔　李潢遠　許奭　　金禧演　朴善涵

　　　　金夒鉉　孫弘模　崔學潤　姜泰膺　金淳貞

　　　　朴潤晟　高鎭煥　姜鳳朝

任度支部主事叙判任官七等

　　　　以上四月一日

依願免本官　訓練第二隊第二中隊長正尉玄興澤

　　　　四月七日

　　彙報

　　○雜事

四月八日自開東至酉時灑雨下雨測雨器水深二分

　　　　廣告

法部養成所의應募生徒試取를本月十二日로至十五日이온■試取ᄒ

기는國文과漢文과歷史와作文과地誌五條로試驗홈

　　　　　　　　　　法部養成所

官　報　第十號　開國五百四年四月十一日　日曜　內閣記錄局官

報課

勅令

朕이陸軍服裝規則을裁可ㅎ야頒布케ㅎ노라

大君主　御押　御璽

　開國五百四年四月九日

　　　　　　內閣總理大臣金弘集

　　　　　　軍部大臣署理權在衡

勅令第七十八號

　陸軍服裝規則

　　第一章　總則

第一條　陸軍軍人의服裝은分ㅎ야左의四種으로ㅎ니其細目은別表에依홈

一　正裝

二　軍裝

三　禮裝

四　常裝

第二條　前條第一第二第四ᄂ將校와下士卒을勿論ㅎ고通共着用ㅎᄂ服裝이며第三은將校에만限홈

第三條　正裝은　儀式祭事等大禮時에着ㅎᄂ자니其境遇ᄂ大槪左와如홈

聖節　各殿誕日及元朝冬至問安與陳賀　太廟幸行　太社幸行　山陵幸行

第四條　軍裝은一般軍人이左開ㅎᄂ　로着用홈

一　戰時出征

一　非常出兵

一　軍隊諸勤務

一　衛戍勤務

一　週番勤務

一　中隊以上의演習

第五條　禮裝은　大抵左開ㅎ는　로着用홈

一　宮內에셔陪食ㅎ는時

一　禮節로上官에對見ㅎ는時

一　夜會와其餘公式宴會에臨ㅎ는時

一　親戚의　賀儀祭事葬事에臨ㅎ는時

第六條　常裝은公私를勿論ㅎ고恒常着用ㅎ는者로홈

第七條　夏衣는炎暑際[五月一日로八月가지]常裝及軍裝으로着用ㅎ믈得호但夏衣에는반다시夏袴를着홈

第八條　夏袴는右와同■時節에何許服裝을勿論ㅎ고皆代用ㅎ기를得홈

第九條　外套는防雨防寒에用ㅎ미니何許服裝에在ㅎ든지室外에着用ㅎ믈得ㅎ나然ㅎ나軍裝常裝ㅎ는時는觀兵式과其餘儀式의境遇와或上官의房內를除ㅎ는外에는아모房內라도着用ㅎ믈得홈

第十條　日遮는前條炎暑際에着用ㅎ믈得ㅎ나但儀式時에는除홈

　第二章　佩着通則

第十一條　刀는戰例將校가佩用ㅎ고劍은非戰例將校가佩用홈

第十二條　刀와劍을佩用ㅎ는法은別表第十圖와如ㅎ나但刀는房內外를勿論ㅎ고何許時든지環을刀帶鉤鐵에掛ㅎ■乘馬ㅎ는時는掛치아니믈法으로홈

第十三條　正緖는正裝禮裝ㅎ는時의刀와或劍에裝着홈

第十四條　刀緖는軍裝과常裝ㅎ는時의刀나或劍에裝着홈

第十五條　飾緖는叅謀官及將官이佩用홈

第十六條　飾緒ᄂᆞᆫ金線製　物件을用ᄒᆞ미元法이나常裝及軍裝에在
ᄒᆞ야ᄂᆞᆫ■白茶色絹絲製를用ᄒᆞ미亦可홈

第十七條　懸章은高等官과副官[高等官衛와將官以上在ᄒᆞᆫ處所]과
週番衛戍巡察ᄒᆞᄂᆞᆫ諸將校의何許服裝을勿論ᄒᆞ고佩用ᄒᆞ미니其法
은右肩으로左脅에斜掛ᄒᆞᄂᆞ니但高等官衛副官은特別히將官을隨
從ᄒᆞᄂᆞᆫ時나週番及衛戍巡察은現職에在ᄒᆞᆯ時外에ᄂᆞᆫ懸章을佩用치
아니홈도亦可홈

第十八條　短袴ᄂᆞᆫ何許服裝에在ᄒᆞ든지長靴를穿ᄒᆞᄂᆞᆫ時에着用ᄒᆞ미
니■或炎暑之際ᄂᆞᆫ夏袴를短袴로製造ᄒᆞ야着用ᄒᆞ미亦可홈[儀式之
時를除ᄒᆞ고]

第十九條　手套ᄂᆞᆫ白革製를正式으로호■但常裝과軍裝으로評詩勤
務演習中에在ᄒᆞ야ᄂᆞᆫ茶色革製나或無大小製를用홈도得홈

第二十條　下襦은何許服裝에在ᄒᆞ든지白布製를用ᄒᆞ미可홈

第二十一條　何許服裝을勿論ᄒᆞ고短靴ᄂᆞᆫ반다시袴下로穿호ᄃᆡ■革
[靴와袴의　相連ᄒᆞ야鎖住ᄒᆞᄂᆞᆫ]을付着ᄒᆞ고或乘馬ᄒᆞᄂᆞᆫ者ᄂᆞᆫ短靴에
나長靴에나반다시拍車[驅馬ᄒᆞᄂᆞᆫ後에添付鐵機니靴ᄒᆞᄂᆞᆫ것]를付着
ᄒᆞ미可홈

　　　第三章　正裝

第二十二條　正裝은左의物件으로홈

一帽	一前立[압헤곳ᄂᆞᆫ상모]
一衣	一袴
一肩章	一飾帶
一刀[劍]	一正緒
一白革手套[갑쟝]	一白布下襦
一靴	

此服裝으로乘馬ᄒᄂᆞᆫ時에ᄂᆞᆫ其乘馬裝을左와如홈

一頭絡豫備轡及鼻革굴에一轡銜■갈轡鎖턱밋ㅅ슬

一韁쟝혁　　　　　一副韁딘혁

一鞍안쟝　　　　　一鞍褥언지

一鐙등ᄌ　　　　　一靻등ᄌ■

一鞍囊걸낭　　　　一鞍囊外套걸낭넘치

一腹帶　　　　　　一鞦밀치

一鞦가심거리

第四章　軍裝

第二十三條　　軍裝은左의物件으로홈

一帽　　　　　一衣

一袴　　　　　一刀[劒]

一刀緒　　　　一手套

一下襟　　　　一五連短銃[黑革袋入帶革]

一靴　　　　　一眼鏡은砲兵將校外에ᄂᆞᆫ隨意ᄒᆞ미可홈

此服裝으로乘馬홀時ᄂᆞᆫ其馬裝은左와如홈

一頭絡豫備轡鎖鼻革은除홈

一轡銜轡鎖　　　　一副銜

一韁　　　　　　　一副韁

一鞍鞍尾ᄂᆞᆫ付치아니홈　一鞍褥

一鐙　　　　　　　一靻

一鞍囊　　　　　　一腹帶

一鞦　　　　　　　一鞦

一旅囊 쟝걸낭　　　一野繫바

此服裝으로乘馬本分에在치아니▣尉官은背囊을負ᄒᆞ믈法으로호▣但背囊을負ᄒᆞ는者는背囊에雨覆쳔의나或外套두루막기를附着ᄒᆞ고或背囊을負치아닌자는雨覆나或外套를마라셔左肩으로右脅下에斜掛ᄒᆞ믈法으로홈

週番衛戍巡察等은時宜를依ᄒᆞ야背囊을負치아니ᄒᆞ야도亦可홈

第五章　禮裝

第二十四條　禮裝은左은物件으로홈

一帽　　　　　一衣

一袴　　　　　一刀[劍]

一正緒　　　　一白革手套

一下襟　　　　一靴

此服裝으로乘馬ᄒᆞ는時에는其乘馬裝은正裝ᄒᆞ는와同ᄒᆞ나但鞍囊外覆와韃과鞦를除홈此境遇에는▣通常有步馬구를用ᄒᆞ야도亦可홈

附則

第二十五條　此規則은▣訓練代步兵科將校에適用홈

前項以外에屬ᄒᆞ는將校의服裝은追後로定홈

第二十六條　訓練隊會計官과或醫官의服裝은此規則에依홈

但軍衣의金線은銀線으로ᄒᆞ고袴筋은會計官은靑色이요醫官은綠色으로홈

別表는略홈

告示

○法部告示第一號

自今으로裁判用紙는白紙半折을ᄒᆞ야十行印札紙를만들고一行에

二十字式記入膽書ᄒᄂᆫ일에一定홈

開國五百四年四月十日

　　　　叙任及辭令

任中樞院主事叙任官三等

　　　韓敬履　安錫弘

任中樞院主事叙任官六等

任中樞院主事叙任官八等　　　　　　　　朴仁植

　　　丁大有　安吉壽　李康夏

任外部主事叙任官二等

　　　李啓弼　卜鼎相　崔名煥　李琦　鄭衡澤

　　　兪兢煥

任外部主事叙任官三等

　　　張起淵　印東植

任外部主事叙任官五等

任外部主事叙任官六等　　　　　　　　沈鍾舜

　　金觀濟　彭翰周

任繙譯官補叙任官三等

任繙譯官補叙任官四等　　　　　　　　高義敬

　　　　以上四月一日

　　　法部協辦李在正　　　　法部叅書官洪鍾檍

任高等裁判所判事

任叅尉　　　　　　　　　　　　六品權鍾祿

任軍部砲工局課員　　　　　　　叅尉權鍾祿

依願免本官　　　　　　　　　　叅尉洪淳瓚

以上四月九日

任法部主事叙任官八等　　　　　　　　姜盛馨

四月十日

官　報　第十二號　開國五百四年四月十三日　火曜　內閣記錄局
官報課

叙任

李鍾一　朴鳳陽　白樂中

任內部主事叙任官八等

正誤

官報第八號叙任欄內에金宅周는全宅周의誤植

官　報　第十三號　開國五百四年四月十四日水曜　內閣記錄局官
報課

詔勅

勅語

嶺南沿海一帶가去年에歉災를酷被ㅎ야子遣■黎民이十의二三이存
■지라窮春에耕播ㅎ시를奄當호■種子가乏絶ㅎ야嗣歲홀望이並無
홀듯ㅎ니朕이民의父母가爲■지라其何忍坐視ㅎ야不救ㅎ리오所司
를特命ㅎ야正租一千石을內下ㅎ니貧民의無種■자에分級ㅎ야耕을
省ㅎ고補助ㅎ는意를示ㅎ라

開國五百四年四月十三日奉

勅　　　　　　　　　宮內大臣署理金宗漢

　　　　　宮內錄事

大君主陛下게셔嶺南沿海一帶地方이去年에歉災를酷被ᄒᄂ事를
下燭ᄒ시고特別히正租一千石을內下ᄒ샤貧民의無種　者에分給ᄒ
시더라

官　報　第十四號　開國五百四年四月十五日　木曜　內閣記錄局
官報課

　　　　　叙任及辭令

叙奏任官二等　　　　　　　　警務官李圭完

叙奏任官五等　　　　　　　　警務官安桓

　　　警務官白命基　警務官李龍漢　警務官李命健

　　　警務官金貞植　警務官禹洛善　警務官許梅

　　　警務官蘇興文　警務官李奎鑠　警務官李徹純

　　　警務官具範書

叙奏任官六等

　　　以上四月一日

　　　德源府使尹忠求　　　　比安縣監尙百鉉

免本官

　　　以上四月十三日

　　　彙報

　　　○官廳事項

內閣及各部分課規程은曩者閣議決定된後에本月二日로■各其部에

送達■者라玆本項內에分載ᄒ야一般官吏의閱覽에便케홈

內閣所屬職員分課規程

第一條　總理大臣官房에秘書課를置ᄒ야左開ᄒᄂ事務를掌케홈

一　機密에關ᄒᄂ事項

二　官吏의進退身分에關ᄒᄂ事項

第二條　祕書官室에左開ᄒᄂ三課를치ᄒ야其事務를分掌케홈

文書課

調査課

會計課

第三條　文書課에셔ᄂ左開ᄒᄂ事物를掌홈

一　公文書類及成案文書의接受發送에關ᄒᄂ事項

二　詔勅及法律命令의發布에關ᄒᄂ事項

三　官印管守에關ᄒᄂ事項

四　各官署勅奏任官의覆歷의編纂保存에關ᄒᄂ事項

五　各官署勅奏任官의覆歷審査에關ᄒᄂ事項

六　上奏書淨寫에關ᄒᄂ事項

第四條　調査課에셔ᄂ左開ᄒᄂ事務를掌홈

一　法律命令案의照査에關ᄒᄂ事項

二　公文의査閱起草에關ᄒᄂ事項

三　請議書의審査並閣議案一切調製에關ᄒᄂ事項

第五條　會計課에셔ᄂ左開ᄒᄂ事務를掌홈

一　內閣所管經費及諸收入의豫筭結筭並會計에關ᄒᄂ事項

二　內閣所管官有財産及物品並其帳簿調製에關ᄒᄂ事項

第六條　記錄局에셔ᄂ左開ᄒᄂ三課를置ᄒ야其事務를分掌케홈

編錄課

官報課

史籍課

第七條　編錄課에셔는左開ᄒᆞ는事務를掌홈

一　內閣記錄의編纂保存에關ᄒᆞ는事項

二　詔勅及法律勅令의原本과其他公文의保存에關ᄒᆞ는事項

第八條　官報課에셔는左開ᄒᆞ는事務를掌홈

一　官報及職員錄의編纂刊行發賣及配送에關ᄒᆞ는事項

二　官報及職員錄의諸收入並其納上에關ᄒᆞ는事項

第九條　史籍課에셔는左開ᄒᆞ는事務를掌홈

一　國史編纂에關ᄒᆞ는事項

二　統計材料의集蒐並諸般統計表의編纂及交換에關ᄒᆞ는事項

三　內閣所管圖書의購買類別保存出納並其目錄調製에關ᄒᆞ는事項

四　內閣所用圖書의出板에關ᄒᆞ는　事項

[以下續載]

○雜則

四月十四日自丑時至開東灑雨下雨測雨器水深三分

官　報　號外　開國五百四年四月十五日

告示

○法部告示第二號

勅在ᄒᆞ시믈奉ᄒᆞ야本月十五日붓터特別法院을臨時開廷홈

特別法院開廷ᄒᆞ는處所는法部所屬前權設裁判所로ᄒᆞ야李埈鎔等
의刑事被告事件을裁判케홈

開國五百四年四月十四日

大君主　御押　御璽

　開國五百四年四月十六日

　　　　　　　　內閣總理大臣金弘集

　　　　　　　法部大臣　　徐光範

法律第五號

特別法院은刑事裁判上所犯의情狀을酌量ᄒᆞ야何等의事件이든지

勿論ᄒᆞ고本刑에一等或二等을輕減ᄒᆞᄂᆞᆫ事를得홈

此法律은頒布ᄒᆞᄂᆞᆫ日로붓터施行홈

官　報　第十五號　開國五百四年四月十六日　金曜　內閣記錄局

官報課

　　　部令

法部令第一號

本年三月法律第一號裁判所構成法第二條를由ᄒᆞ야漢城裁判所를

漢城府中部登天坊惠政橋邊에設置ᄒᆞ야從來漢城府의管轄ᄒᆞᄃᆞᆫ區

域으로■其管轄區域을定ᄒᆞ니從來漢城府管轄內의民刑訟事ᄂᆞᆫ自今

漢城裁判所의審理判決에屬ᄒᆞᄆᆡ可홈

追記現在漢城府受理　民刑訟事에아직判決을經치아니　者ᄂᆞᆫ一切

漢城裁判所에移送ᄒᆞ야繼續審理케홈

開國五百四年四月十五日　法部大臣徐光範

　　　　　　　　○

法部令第二號

檢事職制ᄂᆞᆫ左와如ᄒᆞ게定홈

開國五百四年四月十五日　法部大臣徐光範

檢事職制

第一條　檢事는犯罪를搜索ᄒ고及此를追訴ᄒ는任務가有홈

第二條　檢事는刑事上法律의正當■適用을監視ᄒ미可홈

第三條　檢事는刑罰과或附加刑의執行을請求ᄒ고及其執行에臨檢監視ᄒ미可홈

第四條　檢事는死刑判決이確定홀時에ᄂ速히訴訟記錄을法部大臣에게呈ᄒ야其指揮를受ᄒ야此를執行ᄒ미可홈

第五條　檢事는民事上幼者或婦女에關ᄒ는訴訟과又失跡者와又嗣續홀人업는遺産에關ᄒᄂ訴訟과又証書僞造에關ᄒᄂ訴訟에立會ᄒ미可홈

第六條　檢事ᄂ犯罪의告訴告發을受理ᄒ미可홈

第七條　檢事ᄂ官吏의不正不當■所爲가有ᄒ믈發見ᄒᄂ時에証據를集收ᄒ야官吏懲戒處分을求ᄒ고又公訴를提起ᄒ미可홈

第八條　檢事ᄂ人이擅行ᄒᄂ逮捕或拘留를當ᄒ미업게注意ᄒ고又被告人이오　拘留되미업기를注意ᄒ미可홈

第九條　檢事ᄂ判事에對ᄒ야被告事件의先査를請求ᄒ믈得홈

第十條　檢事ᄂ被告事件取招ᄒ기를爲ᄒ야被告人을引致及拘留ᄒ믈得홈

第十一條　檢事ᄂ犯罪에關ᄒᄂ証據를集收ᄒ야証人訊問ᄒ믈得홈

第十二條　檢事ᄂ行凶現場에臨ᄒ야關係人及現場에在■者를訊問ᄒ믈得홈

第十三條　檢事ᄂ犯罪性質과行凶情況을知코져ᄒᄂ時ᄂ特別技術者를立會ᄒ믈得홈

第十四條　檢事ᄂ犯罪發見ᄒ기를爲ᄒ야必要　時에ᄂ被告人及關係人의家宅을搜索ᄒ야証據物件을押收ᄒ믈得홈

第十五條　檢事ᄂ司法警察官에게命令ᄒ야犯罪의搜索을輔助ᄒ게

ᄒ고又令狀을執行ᄒ게ᄒ고又被告人을引致ᄒ게ᄒᄂ事를得홈

第十六條　檢事ᄂ其職務執行을爲ᄒ야分力을要求ᄒᆷ를得홈

第十七條　檢事ᄂ被告事件이有罪홈■ᄒᆷ를思ᄒᄂ時에ᄂ公訴의手續

을ᄒ미可ᄒ니又其被告事件이無罪ᄒ거나或罪되지안커나或告訴告

發을受理ᄒ미可치아니　쥴로아ᄂ時에ᄂ公訴手續을ᄒ미可치아니홈

第十八條　檢事ᄂ裁判所에對ᄒ야獨立ᄒ야其事務를行ᄒ미可홈

　　　　　叙任

任內部主事叙判任官八等　　　　　　　安世中

　　　　　彙報

○官廳事項

外部分課規程

第一條　大臣官房에左開ᄒᄂ四課를置ᄒ야其事務를分掌케홈

秘書課

文書課

繙譯課

會計課

第二條　秘書課에셔ᄂ左開ᄒᄂ事務를掌홈

一　機密에關ᄒᄂ事項

二　官吏의進退身分에關ᄒᄂ事項

三　大臣官印及部印의管守에關ᄒᄂ事項

四　御親書와國書와領事官의委任狀及認可狀에關ᄒᄂ事項

五　王國에駐在ᄒᄂ各國外交官의謁見과待遇及諸儀式에關ᄒᄂ事項

六　外國人의叙勳謁見에關ᄒᄂ事項

第三條 文書課에셔는左開ᄒᆞᄂᆞᆫ事務ᄅᆞᆯ掌홈

一 條約書批准書諸國書及外交文書의保管에關ᄒᆞᄂᆞᆫ事項

二 公文書類及成案文書의接受發送에關ᄒᆞᄂᆞᆫ事項

三 統計報告의調査에關ᄒᆞᄂᆞᆫ事項

四 公文書類의編纂保存에關ᄒᆞᄂᆞᆫ事項

五 圖書의保管及刊行에關ᄒᆞᄂᆞᆫ事項

六 王國에在ᄒᆞᄂᆞᆫ外國公使館雇人給牒에關ᄒᆞᄂᆞᆫ事項

七 電報의起草와接手發送에關ᄒᆞᄂᆞᆫ事項

第四條 繙譯課에셔는左開ᄒᆞᄂᆞᆫ事務ᄅᆞᆯ掌홈

一 諸外國文書의國語飜譯에關ᄒᆞᄂᆞᆫ事項

二 國語文書의外國語飜譯에關ᄒᆞᄂᆞᆫ事項

第五條 會計課에셔는左開ᄒᆞᄂᆞᆫ事務ᄅᆞᆯ掌홈

一 本部及在外公館의經費及諸收入의豫筭結筭에關ᄒᆞᄂᆞᆫ事項

二 本部及在外公館의金錢出納에關ᄒᆞᄂᆞᆫ事項

三 本部所管官有財産及物品並其帳簿調製에關ᄒᆞᄂᆞᆫ事項

第六條 交涉局에左開ᄒᆞᄂᆞᆫ二課ᄅᆞᆯ置ᄒᆞ야其事務ᄅᆞᆯ分掌게홈

第一課

第二課

第七條 第一課에셔는左開ᄒᆞᄂᆞᆫ事務ᄅᆞᆯ掌홈

一 外交政務에關ᄒᆞᄂᆞᆫ事項

二 各般條約의解釋에關ᄒᆞᄂᆞᆫ事項

三 外交官의職務及權限에關ᄒᆞᄂᆞᆫ事項

第八條 第二課에셔는左開ᄒᆞᄂᆞᆫ事務ᄅᆞᆯ掌홈

一 王國에在ᄒᆞᄂᆞᆫ外國人及外國人居留地에關ᄒᆞᄂᆞᆫ事項

二 犯罪人交送에關ᄒᆞᄂᆞᆫ事項

三　外國人의內地旅行憑單에關ᄒᆞᄂᆞᆫ事項

第九條　通商局에左開ᄒᆞᄂᆞᆫ二課ᄅᆞᆯ置ᄒᆞ야其事務ᄅᆞᆯ分掌케홈

第一課

第二課

第十條　第一課에셔ᄂᆞᆫ左開ᄒᆞᄂᆞᆫ事務ᄅᆞᆯ掌홈

一　通商航海에關ᄒᆞᄂᆞᆫ事項

二　領事官의職務及權限에關ᄒᆞᄂᆞᆫ事項

三　通商報告에關ᄒᆞᄂᆞᆫ事項

第十一條　第二課에셔ᄂᆞᆫ左開ᄒᆞᄂᆞᆫ事務ᄅᆞᆯ掌홈

一　外國에出業ᄒᆞᄂᆞᆫ者에關ᄒᆞᄂᆞᆫ事項

二　海外旅券에關ᄒᆞᄂᆞᆫ事項

三　外國에在ᄒᆞᄂᆞᆫ王國臣民에關ᄒᆞᄂᆞᆫ事項

[以下續載]

○司法

抱川前縣監丁大英杖八十私罪收贖追奪告身三等

○雜事

四月十四日自開東至酉時灑雨下雨測雨器水深四分

官　報　號外　開國五百四年四月十六日

朕이流刑分等과加減例에關ᄒᆞᄂᆞᆫ件ᄅᆞᆯ裁可ᄒᆞ야頒布케ᄒᆞ노라

大君主　御押　御璽

　開國五百四年四月十六日

內閣總理大臣金弘集

法部大臣　　徐光範

法律第四號

第一條　流刑은分ᄒ야左의三等으로ᄒ니其加減例도亦左의順序에依홈

一等　　　　　流　終身

二等　　　　　流　十五年

三等　　　　　流　十年

第二條　現行刑律中流三千里ᄂ流終身이며流二千五百里ᄂ流十五年이며流二千里ᄂ流十年으로定홈

　　　　　　　　附則

此法律은頒布ᄒᄂ日로붓터施行홈

　　　　　　　　○

朕이特別法院에셔刑罰酌減ᄒᄂ件를裁可ᄒ야頒布케ᄒ노라

大君主　御押　御璽

　　開國五百四年四月十六日

　　　　　　　　內閣總理大臣金弘集

　　　　　　　　法部大臣　　徐光範

法律第五號

特別法院은刑事裁判上所犯의情狀을酌量ᄒ야何等의事件이든지勿論ᄒ고　本刑에一等或二等을輕減ᄒᄂ事를得홈

此法律은頒布ᄒᄂ日로붓터施行홈

官　報　第十六號　開國五百四年四月十七日　土曜　內閣記錄局官報課

　　　　宮廷錄事

本月十五日趙重穆으로勅使삼아綏陵에馳往ᄒ야忌辰祭監祭ᄒ고

局內諸陵에　一體奉審以來ᄒ라命ᄒ심

　　　　彙報

　　　　○官廳事項

　內部分課規程

第一條　大臣官房에左開ᄒᄂ三課ᄅ置ᄒ야其事務秘書課

記錄課

庶務課

第二條　秘書課에셔ᄂ左開ᄒᄂ事務ᄅ掌홈

一　機密에關ᄒᄂ事項

二　官吏의進退身分에關ᄒᄂ事項

三　大臣官印及部印의管守에關ᄒᄂ事項

第三條　記錄課에셔ᄂ左開ᄒᄂ事務ᄅ掌홈

一　公文書類及成案文書의接受發送에關ᄒᄂ事項

二　公文書類의編纂保存에關ᄒᄂ事項

三　圖書報告書類의刊行及官吏에關ᄒᄂ事項

第四條　庶務課에셔ᄂ左開ᄒᄂ事務ᄅ掌홈

一　圖書出版에關ᄒᄂ事項

二　褒賞에關ᄒᄂ事項

三　祠社寺에關ᄒᄂ事項

四　統計報告의調査에關ᄒᄂ事項

第五條　州縣局에左開ᄒᄂ二課ᄅ置ᄒ야其事務ᄅ分掌케홈

州縣課

地方費課

第六條　州縣課에셔는左開호는事務를掌홈

一　地方理財其他一切地方行政에關호는事項

第七條　地方費課에셔는左開호는事務를掌홈

一　地方廳의經費에關호는事項

二　賑恤及救濟에關호는事項

三　慈惠에供用호는公立營造物에關호는事項

第八條　土木局에左開호는二課를置호야其事務를分掌케홈

土木課

地理課

第九條　土木課에셔는左開호는事務를掌홈

一　本部直轄土木工事에關호는事項

二　地方經營의土木工事及其他公共土木工事에關호는事項

三　直轄公費及地方公費補助의調查에關호는事項

第十條　地理課에셔는左開호는事務를掌홈

一　土木測量에關호는事項

二　土地收用에關호는事項

三　水面塡平에關호는事項

第十一條　版籍局에左開호는二課를置호야其事務를分掌케홈

戶籍課

地籍課

第十二條　戶籍課에셔는左開호는事務를掌홈

一　戶口籍에關호는事項

第十三條　地籍課에셔는左開호는事務를掌홈

一　地籍에關호는事項

二　無稅官有地의處分管理에關호는事項

三　官有地名目變換에關ᄒᆞᄂ事項

第十四條　會計局에左開ᄒᆞᄂ二課ᄅᆞᆯ置ᄒᆞ야其事務ᄅᆞᆯ分掌케홈

會計課

用度課

第十五條　會計課에셔ᄂ左開ᄒᆞᄂ事務ᄅᆞᆯ掌홈

一　本部所管經費及諸收入의豫筭決筭並會計에關ᄒᆞᄂ事項

第十六條　用度課에셔ᄂ左開ᄒᆞᄂ事務ᄅᆞᆯ掌홈

一　本部所管官有財産及物品倂其帳簿調製에關ᄒᆞᄂ事項

第十七條　衛生局에셔ᄂ左開ᄒᆞᄂ事務ᄅᆞᆯ掌홈

一　傳染病地方病의豫防及種痘其他一切公衆衛生에關ᄒᆞᄂ事項

二　檢疫停船에關ᄒᆞᄂ事項

三　醫師藥劑師의業務並藥品及賣藥의管査에關ᄒᆞᄂ事項

　　　　　○雜事

四月十五日自人定至十六日開東灑雨下雨測雨器水深五分

官　報　第十七號　開國五百四年四月十九日　月曜　內閣記錄局
官報課

　　　　　勅令

朕이漢城師範學校管制ᄅᆞᆯ裁可ᄒᆞ야頒布케ᄒᆞ노라

大君主　御押　御璽

　開國五百四年四月十六日

　　　　　　　　內閣總理大臣金弘集

　　　　　　　　學部大臣　　朴定陽

勅令第七十九號

漢城師範學校管制

第一條　漢城師範學校는教官을養成호는處로홈

第二條　漢城師範學校에本科와速成科의二科를置홈

第三條　本科는二箇年으로 卒業期로홈

第四條　速成科는六箇月로卒業期로홈

第五條　漢城師範學校에附屬小學을置호야兒童을教育케홈

　附屬小學을尋常科와高等科의二科로호니每科를三年으로■卒業期로홈

第六條　漢城師範學校에左開호는職員을置홈

學校長　　一人　　　　奏任

教官　　　二人以下　　奏任或判任

副教官　　一人　　　　判任

教員　　　三人以下　　判任

書記　　　一人　　　　判任

第七條　學校長은學部叅書官으로兼任케호니學部大臣의命을承호야校務를掌理호야所屬職員을統督홈

第八條　教官은生徒의教育을掌홈

第九條　副教官은教官의職務를助홈

第十條　教員은附屬小學校兒童의教育을掌홈

第十一條　書記는學部主事로兼任케호니學校長의命을承호야庶務會計에從事홈

第十二條　本科와速成科及附屬小學의學科程度는學部大臣이定홈

第十三條　本令은開國五百四年五月一日로붓터施行홈

○

朕이漢城師範學校職員官等俸給令을裁可호야頒布케호노라

大君主　御押　御璽

開國五百四年四月十六日

　　　　　　　內閣總理大臣金弘集

　　　　　　　學部大臣　　朴定陽

勅令第八十號

漢城師範學校職員官等俸給令

第一條　漢城師範學校職員의官等俸給은一般官吏의官等俸給令에依홈

但執務의繁閑과敎務의難易에從ᄒ야定額以下를給ᄒ믈得홈

第二條　漢城師範學校職員으로本職이有■者의官等俸給은一切其本職官等俸給에依홈

第三條　漢城師範學校職員의任免은其奏任官은內閣總理大臣을經ᄒ야學部大臣이奏請ᄒ고判任官은學部大臣이專行홈

第四條　本令은開國五百四年五月一日로붓터施行홈

　　　　　告示

○農商工部告示第一號

대져會社라ᄒᄂ거슨衆力을合ᄒ며資本을鳩ᄒ야商貨를販ᄒ고民利를重히ᄒ믈爲ᄒ야設ᄒᄂ거시어늘商會라ᄒ고刱始■後로輩奸이舞弄ᄒ고百弊가　繁滋ᄒ■前農商衙門이去月에告示를揭ᄒ야各種會社의持■바官許章程과事業憑票를刻卽還納ᄒ라ᄒ엿시나未納■者가多ᄒ니事體를揆ᄒ■駭歎이極■지라本部에셔■商■를除코져ᄒ야■揭示ᄒ니各會社들은此意를體ᄒ야章程과憑票를一一還納ᄒ면本部에셔그實境을確究ᄒ야許否를妥處ᄒ리니或도遲悞ᄒ야重繩에제抵ᄒ미無홀지어다

開國五百四年四月十四日

限十日

彙報

○官廳事項

度支部分課規程

第一條　大臣官房에셔는左開ᄒᆞ는事務를掌홈

一　機密에關ᄒᆞ는事項

二　官吏의進退身分에關ᄒᆞ는事項

三　大臣官印及部印의管守에關ᄒᆞ는事項

第二條　司稅局에左開ᄒᆞ는三課를置ᄒᆞ야其事務를分掌케홈

地稅課

雜稅課

關稅課

第三條　地稅課에셔는左開ᄒᆞ는事務를掌홈

一　田制及有稅地에關ᄒᆞ는事項

二　地稅의賦課徵收에關ᄒᆞ는事項

三　地稅의豫筭決筭에關ᄒᆞ는事項

四　稅務의管理監督에關ᄒᆞ는事項

第四條　雜稅課의셔는左開ᄒᆞ는事務를掌홈

一　雜稅의賦課徵收에關ᄒᆞ는事項

二　官有財産收入官業收入官業利益金罰金沒收金諸規費其他雜收入에關ᄒᆞ는事項

三　諸貸項返納의金　에關ᄒᆞ는事項

四　雜稅及雜收入의豫筭決筭에關ᄒᆞ는事項

五　地方稅에關ᄒᆞ는事項

第五條　關稅課에셔는左開ㅎ는事務를掌홈

一　關稅의賦課徵收에關ㅎ는事項

二　關稅의豫筭決筭에關ㅎ는事項

三　稅關의監督에關ㅎ는事項

四　稅關輸出輸入의狀況調査에關ㅎ는事項

五　外國貿易의船舶及輸出入品에監督에關ㅎ는總項

第六條　司計局에左開ㅎ는二課를置ㅎ야其事務를分掌케홈

經理課

監査課

第七條　經理課에셔는左開ㅎ는事務를掌홈

一　歲入歲出의豫筭決筭에關ㅎ는事項

二　豫筭欸項의挪用及豫筭外支出에關ㅎ는事項

三　收入支出의科目에關ㅎ는事項

四　세입세출의 등박에관ㅎ는 사항

五　諸經費決筭의審査에關ㅎ는事項

第八條　監査課에셔는左開ㅎ는事務를掌홈

一　支出豫筭의承認에關ㅎ는事項

二　保護會社의會計監督에關ㅎ는事項

三　銀行에關ㅎ는事項

四　會計法規의疑義에關ㅎ는事項

第九條　出納局에左開ㅎ는二課를置ㅎ야其事務를分掌케홈

金庫課

米廩課

第十條　金庫課에셔는左開ㅎ는事務를掌홈

一　國庫에屬ㅎ는現金의管理出納에關ㅎ는事項

二　諸經費支出의執行에關ᄒᆞᄂᆞᆫ事項

三　現金出納의決筭에關ᄒᆞᄂᆞᆫ事項

第十一條　米廩課에셔ᄂᆞᆫ左開ᄒᆞᄂᆞᆫ事務ᄅᆞᆯ掌홈

一　國庫에屬ᄒᆞᄂᆞᆫ米■其他物品의管理出納에關ᄒᆞᄂᆞᆫ事項

二　米　其他物品의給與執行에關ᄒᆞᄂᆞᆫ事項

三　現品出納의決筭에關ᄒᆞᄂᆞᆫ事項

第十二條　會計局에左開ᄒᆞᄂᆞᆫ二課ᄅᆞᆯ置ᄒᆞ야其事務ᄅᆞᆯ分掌케홈

經費課

調度課

第十三條　經費課에셔ᄂᆞᆫ左開ᄒᆞᄂᆞᆫ事務ᄅᆞᆯ掌홈

一　本部所管經費의豫筭決筭並會計에關ᄒᆞᄂᆞᆫ事項

第十四條　調度課에셔ᄂᆞᆫ左開ᄒᆞᄂᆞᆫ事務ᄅᆞᆯ掌홈

一　本部所管官有財産及物品並其帳簿調製에關ᄒᆞᄂᆞᆫ事項

第十五條　庶務局에左開ᄒᆞᄂᆞᆫ二課ᄅᆞᆯ置ᄒᆞ야其事務ᄅᆞᆯ分掌케홈

國債課

文書課

第十六條　국채과에셔ᄂᆞᆫ　좌개ᄒᆞᄂᆞᆫ　사무ᄅᆞᆯ장홈

一　國債에關ᄒᆞᄂᆞᆫ事項

二　恩級에關ᄒᆞᄂᆞᆫ事項

三　貨幣에關ᄒᆞᄂᆞᆫ事項

四　地方債監督에關ᄒᆞᄂᆞᆫ事項

第十七條　文書課에셔ᄂᆞᆫ左開ᄒᆞᄂᆞᆫ事務ᄅᆞᆯ掌홈

一　公文書類及成案文書의接受發送에關ᄒᆞᄂᆞᆫ事項

二　統計報告의調査에關ᄒᆞᄂᆞᆫ事項

三　公文書類의　編纂保存에關ᄒᆞᄂᆞᆫ事項

四　會計法規의制定廢止或改正에係ᄒᆞᄂ成案의調査에關ᄒᆞᄂ事項

五　各局課의主務에屬지아니ᄒᆞᄂ事項

　　　廣告

○師範學員勸赴廣告

此次

勅令으로頒布되ᄂ漢城師範學校가五月一日로붓터設始ᄒᆞ니本科學生[二個年卒業]一百名과速成科學生[六個月卒業]六十名을勸赴ᄒᆞ니入學ᄒ기願ᄒᆞᄂ者ᄂ本月二十五日內本部에稟告ᄒᆞ고二十七日에本部로進ᄒᆞ야入學試驗을受ᄒ미可홈

開國五百四年四月十九日學部

師範學員試驗規目

一　本科入學者의年齡은二十歲以上二十五歲以下로定홈

二　本科生의入學試驗은左와如홈

國文의讀書와作文

漢文의讀書와作文

三　速成科入學者의年齡은二十二歲以上三十五歲以下로定홈

四　速成科生의入學試驗은左와如홈

國文의讀書作文

漢文의讀書作文

조선지리

조선역사

五　入學試驗에應코져ᄒᆞᄂ者ᄂ書式을依ᄒᆞ야稟請狀을具呈ᄒ미可홈

稟請書式

稟請狀

　　住址

　　　姓名

　　　年齡

茲에貴學校入學試驗을應코져ᄒ야稟請狀을具呈ᄒᄂ이다

開國五百四年　月　日　右　姓名印

　　　　　　　　履歷

學務局長姓名座下

官　報　號外　開國五百四年四月十九日

　　　裁判宣告書

　　　　京畿道漢城府北部校洞雲峴宮

　　　　　　被告　李埈鎔

　　　　　　　二十六歲

　　　　京畿道漢城府泥洞

　　　　　　被告　朴準陽

　　　　　　　二十八歲

　　　　京畿道廣州

　　　　　　被告　李泰容

　　　　　　　五十三歲

　　　　京畿道漢城府南部詩洞

　　　　　　被告　韓祈錫

　　　　　　　五十一歲

　　　　全羅道南原

被告　金國善

五十三歳

京畿道漢城府西部西小門內

被告　林璡洙

三十五歳

慶尙道善山

被告　許　燀

四十五歳

慶尙道榮川

被告　金明鎬

四十一歳

全羅道南原

被告　高宗柱

京畿道漢城府西小門外翰林洞

被告　田東錫

三十歳

京畿道陽川

被告　崔亨植

二十九歳

京畿道始興

被告　高致弘

三十七歳

京畿道江華

被告　李汝益

三十九歳

慶尙道河東

　　　　　　被告　徐丙奎

　　　　　　　三十四歲

京畿道富平古里

　　　　　　被告　李永培

　　　　　　　三十四歲

京畿道陽川

　　　　　　被告　金漢英

　　　　　　　二十二歲

忠淸道連山

　　　　　　被告　張德鉉

　　　　　　　三十四歲

京畿道陽川

　　　　　　被告　崔亨順

　　　　　　　二十五歲

平安道嘉山

　　　　　　被告　金乃吾

　　　　　　　四十七歲

京畿道漢城府三淸洞

　　　　　　　被告　李乃春

　　　　　　　五十一歲

京畿道漢城府北部小安洞

　　　　　　被告　曹龍承

　　　　　　　四十一歲

京畿道漢城府西部小貞洞

被告　尹震求

五十歲

全羅道錦山

被告　鄭祖源

四十五歲

被告　諸罪人의謀反謀殺罪事件을審理ᄒᆞ야보니被告■李埈容은昨
年六七月分에東學黨이處處에蜂起ᄒᆞ야人心이洶洶■時ᄅᆞᆯ타셔被告
■朴準陽李泰容의造黨에게通謀ᄒᆞ야京城을襲擊ᄒᆞ라ᄒᆞ되城內人民
이驚動ᄒᆞ야大君主陛下가■難을他處에避ᄒᆞ실거시니其時ᄅᆞᆯ乘ᄒᆞ야
一面으로ᄂᆞᆫ其部下統衛營兵隊로　大君主陛下와王太子殿下ᄅᆞᆯ弑ᄒᆞ
고一面으로ᄂᆞᆫ其手下凶徒ᄅᆞᆯ指揮ᄒᆞ야政府當路者中에金弘集과趙
義淵과金嘉鎭과金鶴羽와安駉壽와兪吉濬과李允用等을殺害ᄒᆞ야
政府ᄅᆞᆯ顚覆ᄒᆞ며王位ᄅᆞᆯ簒奪ᄒᆞ기ᄅᆞᆯ謀計ᄒᆞ야此事가成就■後에ᄂᆞᆫ■
被告■李埈容은王位ᄅᆞᆯ踐ᄒᆞ고朴準陽과李泰容以下ᄂᆞᆫ各各顯用官職
에就任ᄒᆞ기로決定ᄒᆞ야■며陰謀가旣決ᄒᆞ야朴準陽은鄭寅德과朴東
鎭과林璡洙와許燁과金明鎬에게意中之言을告ᄒᆞ야가만히東學黨
에게往來ᄒᆞ고金國善은高宗柱와沈遠采로ᄒᆞ야금凶徒ᄅᆞᆯ募集ᄒᆞ케
ᄒᆞ며高宗柱ᄂᆞᆫ原來로政府當路者ᄅᆞᆯ업시ᄒᆞᆯ■시有ᄒᆞ더니金國善에言
을聽ᄒᆞ고大喜ᄒᆞ야드■여李埈容과朴準陽等의陰謀ᄅᆞᆯ갓티ᄒᆞ야크게
凶徒募集ᄒᆞᄂᆞᆫ일에盡力ᄒᆞ여被告■田東錫以下數名凶徒ᄅᆞᆯ得ᄒᆞ여더
라其後에東學黨이振起치못ᄒᆞ가無賴諸漢도　多集ᄒᆞ지못ᄒᆞ야謀計
가中途에蹉跎■데至홈으로被告■高宗柱ᄂᆞᆫ다시政府에當路者ᄅᆞᆯ暗
殺ᄒᆞᄆᆞ로事ᄅᆞᆯ成ᄒᆞᄂᆞ듸決意ᄒᆞ야被告■田東錫으로其率■바兇漢에
內意ᄅᆞᆯ通ᄒᆞ야秘密이其準備ᄅᆞᆯᄒᆞ기에被告■曹龍承과尹震求와鄭祖
源은이일을贊助ᄒᆞ야그用費ᄅᆞᆯ給ᄒᆞ야內至供給에盡力ᄒᆞ야暗殺에

準備가旣成ᄒ■被告■田東錫等은機會至홈을待ᄒ야잇ᄂ되前法務
協辦金鶴羽에誡嚴이無홈을探知ᄒ고먼져第一着手를ᄒ되同人을
刺殺ᄒᄂ事를결ᄒ야被告 田東錫은其率■바의凶徒를引ᄒ야開國
五百三年十月三日夜八時量에金氏家에突入ᄒ야곳金鶴羽를刺殺
ᄒᄂ■至ᄒ고且來客二人에게負傷ᄒ케ᄒ야逃遁ᄒ게ᄒ엿더라當夜
에行凶을審案ᄒ니被告■崔亨植은第一로金鶴羽를刺殺■者요被告
■高致弘과李汝益과徐丙奎와李永培와金漢英과張德鉉과崔亨順등
은其次로下手ᄒ고或은來客을傷ᄒ고或은他의手段을因緣ᄒ여加
功이되지리라又被告■金國善과金乃吾와李乃春과曹龍承과鄭祖源
과尹震求ᄂ此暗殺을決行의情節을知ᄒ야■나其現場에臨치아니ᄒ
야■며此에帮助加功도無ᄒ고被告■李埈容과朴準陽과李泰容과韓
祈錫은此擧를豫知■證이업슴도아니나此에共謀■證은無ᄒ고被告
■田東錫과崔亨植과高致弘과李汝益과徐丙奎와李永培와金漢英과
張德鉉과崔亨順과金乃吾와李乃春은謀反■陰計를聞知■證은有ᄒ
야도此의同謀■證據ᄂ無ᄒ더라以上의事實은被告가各自納供ᄒ야
自白■일이요並被告■李埈容이證人徐丙善에게送■書字와該巡檢
의納供홈과鄭寅德及被告■許燁의書札四副와李秉輝의納供等에憑
據ᄒ야明白ᄒ미라此를律에照ᄒ미被告■李埈容과朴準陽과李泰容
과韓祈錫과林璡洙와許燁과金明鎬와金國善과高宗柱의所爲ᄂ賊
盜律謀反罪에當ᄒ고被告■田東錫과崔亨植과高致弘과李汝益과徐
丙奎와李永培와金漢英과張德鉉과崔亨順과金乃吾와李乃春과曹
龍承과尹震求와鄭祖源과高宗柱의所爲ᄂ人命律謀殺罪에當■지라
高宗柱ᄂ二罪俱發ᄒ므로■ 其重ᄒ믈從ᄒ야論ᄒ미可ᄒ더라被告
朴準陽李泰容高宗柱田東錫崔亨植은各各絞에處ᄒ고被告■李埈容
韓祈錫金國善은情狀을酌量ᄒ야 各各本刑에一等을減ᄒ야流終身

에處ᄒ고被告■林㻶洙許燁金明鎬ᄂ各各本刑의二等을減ᄒ야流十
五年에處ᄒ고被告■高致弘李汝益徐丙奎李永培金漢英張德鉉崔亨
順은各各流終身에處ᄒ고被告■金乃吾曹龍承은各各流十五年에處
ᄒ고被告■尹震求鄭祖源은情狀을酌量ᄒ야謀殺不加功之本刑에一
等을減ᄒ야流十年에處ᄒ노라

開國五百四年四月十九日特別法院에셔檢事

安寧洙金基龍立會홈

特別法院裁判長徐光範

判事李在正

判事趙臣熙

判事張　博

判事任大準

書記金基肇

書記奇東衍

官　報　號外　開國五百四年四月十九日

彙報

○司法事項

流終身罪人李埈鎔을特典으로二等을減ᄒ야流十年에處ᄒ라ᄒ시
고配所■지喬桐府로定下ᄒ심

從來謀逆罪人은其姓을去ᄒ미法例러니今番으로붓터廢止되홈

○司法事項

嶺南窮民에계種租三千石頒給ᄒ기로閣議決定ᄒ야上奏를經홈

官　報　第十八號　開國五百四年四月二十日　火曜　內閣記錄局
官報課

　　　　叙任

　　朴用厚　金河璉　黃天彧

任度支部主事叙判任官八等

宮廷錄事

本月十七日國太公게셔還次ᄒ시니宮內府協辦과叅書官問候事ᄅ
置之ᄒ라命ᄒ심

　　　　彙報

　　　○官廳事項

法部分課規程

第一條　大臣官房에左開ᄒᄂ三課ᄅ置ᄒ야其事務ᄅ分掌케홈

秘書課

法務課

文書課

第二條　秘書課에셔ᄂ左開ᄒᄂ事務ᄅ掌홈

一　機密에關ᄒᄂ事項

二　官吏의進退身分에關ᄒᄂ事項

三　大臣官印及部印의管守에關ᄒᄂ事項

第三條　法務課에셔ᄂ左開ᄒᄂ事務ᄅ掌홈

一　裁判所地方官等의稟質에應ᄒᄂ指令訓令에關ᄒᄂ事項

二　司法官의 資格銓定及考試에關ᄒᄂ事項

三　法官養成所에關ᄒᄂ事項

四　法學生徒의外國派遣에關ᄒᄂ事項

第四條　文書課에셔는左開ᄒᆞᆫ事務를掌홈

一　公文書類及成案文書의接受發送에關ᄒᆞᆫ事項

二　統計報告의調查에關ᄒᆞᆫ事項

三　公文書類의編纂保存에關ᄒᆞᆫ事項

四　圖書의保管及刊行에關ᄒᆞᆫ事項

第五條　民事局에左開ᄒᆞᆫ二課를置ᄒᆞ야其事務를分掌케홈

第一課

第二課

第六條　第一課에셔는左開ᄒᆞᆫ事務를掌홈

一　民法及民事訴訟法에關ᄒᆞᆫ事項과其執行에係ᄒᆞᆫ細則等의起案에關ᄒᆞᆫ事項

二　民事에關ᄒᆞᆫ法律命令並其裁判執行의監督에關ᄒᆞᆫ事項

第七條　第二課에셔는左開ᄒᆞᆫ事務를掌홈

一　裁判所의設立並其管轄區域에關ᄒᆞᆫ事項

二　行政裁判所에關ᄒᆞᆫ事項

第八條　刑事局에左開ᄒᆞᆫ二課를置ᄒᆞ야其事務를分掌케홈

第一課

第二課

第九條　第一課에셔는左開ᄒᆞᆫ事務를掌홈

一　刑法及刑事訴訟法에關ᄒᆞᆫ事項과其執行에適當ᄒᆞᆫ細則等의起案等에關ᄒᆞᆫ事項

第十條　第二課에셔는左開ᄒᆞᆫ事務를掌홈

一　死刑執行恩赦特赦復權假出獄等에關ᄒᆞᆫ事項

二　有品階者의犯罪에關ᄒᆞᆫ事項

三　刑事裁判費用에關ᄒᆞᆫ事項

第十一條　檢事局에셔는左開ᄒᆞᄂᆞᆫ事務를掌홈

一　檢事職制並其施行에關ᄒᆞᄂᆞᆫ事項

二　司法警察에關ᄒᆞᄂᆞᆫ事項

三　刑事被告人의處置에關ᄒᆞᄂᆞᆫ事項

四　刑事辯護에關ᄒᆞᄂᆞᆫ事項

第十二條　會計局에셔는左開ᄒᆞᄂᆞᆫ事務를掌홈

一　本部所管經費及諸收入의豫筭決筭並會計에關ᄒᆞᄂᆞᆫ事項

二　本部所管官有財産及物品並其帳簿調製에關ᄒᆞᄂᆞᆫ事項

官　報　第十九號　開國五百四年四月二十一日　水曜　內閣記錄局官報課

　　　　　　勅令

朕이　警務使以下服制에關ᄒᆞᄂᆞᆫ件을裁可ᄒᆞ야頒布케ᄒᆞ노라

開國五百四年四月十九日

　　　　　　內閣總理大臣金弘集

　　　　　　內部大臣　　朴泳孝

勅令第八十一號

警務使以下의服制ᄂᆞᆫ左表갓티定홈

名稱	警務使	警務官　總務局長
地質	濃紺絨	仝
前章(李花)	金色	
	徑自	仝
	中心	
	五分	

眼庇

頤鈕

橫章

製式

形狀

      部令

農商工部第一號

本部가前農商衙門으로移定■後에各分局課를舖實ᄒ미廠宇가極히
狹隘ᄒ고通信ᄒᄂ事務가繁劇ᄒ야前工務衙門으로本部에屬■通信
局을設實홈

開國五百四年四月十九日農商工部大臣金嘉鎭

        叙任

任法部主事叙判任官八等   李寅性

      彙報

      ○官廳事項

學部分課規程

第一條　大臣官房에左開ᄒᄂ三課를置ᄒ야事務를分掌케홈

秘書課

文書課

會計課

第二條　秘書課에셔左開ᄒᄂ事務로掌홈

一　機密에關ᄒᄂ事項

二　官吏의進退身分에關ᄒᄂ事項

三　大臣官印及部印의管守에關ᄒᄂ事項

四　公立學校職員의進退身分에關ㅎ는事項

五　敎員의檢定에關ㅎ는事項

第三條　文書課에셔는左開ㅎ는事務를掌홈

一　公文書類及成案文書의接受發送에關ㅎ는事項

二　統計報告의調査에關ㅎ는事項

三　公文書類의編纂保存에關ㅎ는事項

第四條　會計局에左開ㅎ는二課를置ㅎ야其事務를分掌케홈

一　本部所管經費及諸收入의豫筭決筭並會計에關ㅎ는事項

二　本部所管官有財産及物品併其帳簿調製에關ㅎ는事項

第五條　學務局에셔는左開ㅎ는事務를掌홈

一　小學校及學齡兒童의就學에關ㅎ는事項

二　師範學敎에關ㅎ는事項

三　中學校에關ㅎ는事項

四　外國語學校專門學校技藝學校에關ㅎ는事項

五　外國留學生에關ㅎ는事項

第六條　編輯局에셔는左開ㅎ는事務를掌홈

一　敎科用圖書의飜譯에關ㅎ는事項

二　敎科用圖書의編纂에關ㅎ는事項

三　敎科用圖書의檢定에關ㅎ는事項

四　圖書의購入保存官吏에關ㅎ는事項

五　圖書의印刷에關ㅎ는事項

[以下續載]

○

寧海府使吳周泳三月三十日에到任홈

○軍事

現今陸軍訓練隊의入隊人員이左와如홈

第一訓練隊將官以下下士兵丁

會計四百九十二人

第二訓練隊將官以下下士兵丁

會計四百八十一人

又其軍隊의入營홀豫定期限은左와如홈

五月一日第三訓練大隊入營

七月一日第四訓練大隊入營

九月一日第五訓練大隊入營

十月一日第六訓練大隊入營

○雜事

四月十九日自巳時至酉時灑雨下雨測雨器水深三分

　　　　正誤

開國五百四年四月十九日官報號外裁判宣告書後段에[金乃春]三字
는[金乃吾李乃春]六字의誤라

　　　　正誤

第九號叙任欄內[李建八]은[李象八]의報告에誤라

第十五號外部分課規程第六條[公掌]은[分掌]의誤植

第十七號度支部分課規程第四條第四項及第七條第一項[務筭]은
[豫筭]의誤植

同第五條第五項[總項]은[事項]의誤라

同第七條第三項[支山의科日]은[支出科目]의誤植

同第十五條[左閣]은[左開]의誤植

同第十七條第一項事下[項]가脫落이라

同第十九號學部分課規程第一條[事務]의上에[其]자가脫落이라

官　報　第二十號　開國五百四年四月二十二日　木曜　內閣記錄局官報課

叙任

洪祐政　徐載雨　李章五　裴致實

任內部主事叙判任官八等

以上四月二十日

彙報

○官廳事項

農商工部分課規程

第一條　大臣官房에左開ㅎㄴ二課를置ㅎ야其事務를分掌케홈

秘書課

文書課

第二條　秘書課에셔ㄴ左開ㅎㄴ事務를掌홈

一　機密에關ㅎㄴ事項

二　官吏의進退身分에關ㅎㄴ事項

三　大臣官印及部印의管守에關ㅎㄴ事項

四　博覽會에關ㅎㄴ事項

五　襃賞에關ㅎㄴ事項

第三條　文書課에셔ㄴ左開ㅎㄴ事務를掌홈

一　公文書類及成案文書의接受發送에關ㅎㄴ事項

二　統計報告의調查에關ㅎㄴ事項

三　公文書類의編纂保存에關ㅎㄴ事項

四　圖書並報告書類의刊行及官吏에關ᄒᆞᄂᆞ事項

第四條　農商局에左開ᄒᆞᄂᆞ三課ᄅᆞᆯ置其야其事務ᄅᆞᆯ分掌케홈

農事課

森林課

產業課

第五條　農事課에셔ᄂᆞ左開ᄒᆞᄂᆞ事務ᄅᆞᆯ掌홈

一　農業及農業土木에關ᄒᆞᄂᆞ事項

二　農產物의蟲害豫防驅除와其他農產物에係ᄒᆞᄂᆞ一切損害豫防에關ᄒᆞᄂᆞ事項

三　獸醫及蹄鐵工에關ᄒᆞᄂᆞ事項

四　畜產에關ᄒᆞᄂᆞ事項

五　狩獵에關ᄒᆞᄂᆞ事項

第六條　森林課에셔左開ᄒᆞᄂᆞ事務ᄅᆞᆯ掌홈

一　森林施業並森林區域及境界의調査에關ᄒᆞᄂᆞ事項

二　森林의保護와利用及處分에關ᄒᆞᄂᆞ事項

三　森林編入及除却에關ᄒᆞᄂᆞ事項

四　森林의統計及其帳簿에關ᄒᆞᄂᆞ事項

五　森林의收入及經費에關ᄒᆞᄂᆞ事項

六　林產物品森林에屬ᄒᆞᄂᆞ土地建造物에關ᄒᆞᄂᆞ事項

第七條　產業課에셔ᄂᆞ左開ᄒᆞᄂᆞ事務ᄅᆞᆯ掌홈

一　漁業漁船及漁具에關ᄒᆞᄂᆞ事項

二　鹽田及鹽政에關ᄒᆞᄂᆞ事項

三　養蠶蔟業及製茶에關ᄒᆞᄂᆞ事項

四　前二課의主務에屬지아니ᄒᆞᄂᆞ事項

第八條　通信局에左開ᄒᆞᄂᆞ二課ᄅᆞᆯ置ᄒᆞ야其事務ᄅᆞᆯ分掌케홈

遞信課

管船課

第九條　遞信課에셔는左開ㅎ는事務를掌홈

一　郵遞에關ㅎ는事項

二　電信電話에關ㅎ는事項

三　陸運과電氣事業의監督에關ㅎ는事項

第十條　管船課에셔는左開ㅎ는事務를掌홈

一　船泊海員及航路標識에關ㅎ는事項

二　漂流物及難破船에關ㅎ는事項

三　港則에關ㅎ는事項

四　水運會社並其他水運事業의監督에關ㅎ는事項

第十一條　商工局에셔는左開ㅎ는事務를掌홈

一　商業에關ㅎ는事項

二　營業을主張ㅎ는諸會社에關ㅎ는事項

三　度量衡에關ㅎ는事項

四　工業及工場에關ㅎ는事項

第十二條　鑛山局에左開ㅎ는二課를置ㅎ야其事務를分掌케홈

鑛業課

地質課

第十三條　鑛業課에셔는左開ㅎ는事務를掌홈

一　鑛山의調査에關ㅎ는事項

二　鑛山의許否에關ㅎ는事項

三　鑛區에關ㅎ는事項

四　鑛業의保護에關ㅎ는事項

五　鑛業의技術에關ㅎ는事項

第十四條　地質課에셔는左開ᄒᆞᆫ事務를掌홈

一　地質並地層構造의調查及鑛床의驗定에關ᄒᆞᆫ事項

二　土性調查에關ᄒᆞᆫ事項

三　主産植物及土性의關係試驗에關ᄒᆞᆫ事項

四　地形測量에關ᄒᆞᆫ事項

五　地質圖土性圖及實測地形圖의編纂並其說明書編纂에關ᄒᆞᆫ事項

六　有用物料의分析試驗에關ᄒᆞᆫ事項

第十五條　會計局에셔는左開ᄒᆞᆫ事務를掌홈

一　本部所管經費及諸收入의豫筭結筭及會計에關ᄒᆞᆫ事項

二　本部所管官有財産及物品並其帳簿調製에關ᄒᆞᆫ事項

　　○司法

本月十九日特別法院의判決을受■謀反罪人朴準陽李泰容高宗柱와謀殺罪人田東錫崔亨植은其夜에死刑으로執行ᄒᆞ고謀反罪人韓祈錫金國善林瑢洙許燁金明鎬와謀殺罪人張德鉉崔亨順의流配ᄒᆞᆫ處所는全羅道濟州牧이으謀殺罪人高致弘李汝益李永培金漢英徐丙奎金內吾李乃春曹龍承의流配ᄒᆞᆫ處所는黃海道白翎島며謀殺罪人尹震求의流配ᄒᆞᆫ處所는全羅道羅州牧黑山島며鄭祖源의流配ᄒᆞᆫ處所는全羅道靈光郡荏子島라

官　報　第二十一號　開國五百四年四月二十三日　金曜　內閣記錄局官報課

　　　彙報

　　　　　○官廳事項

順興府使尹錫五本月十七日에到任홈

　　　　　　正誤

第二十號農商工部分課規程第四條欄內에[農商局]은[農務局]의誤
植

同[其야]는[ㅎ야]의誤植

官　報　號外　開國五百四年四月二十四日

　辭令

免本官　　　　　　　　　　　　　　軍部大臣趙義淵

四月二十三日

　　　　　宮廷錄事

本月二十一日에宮內大臣李載冕이上疏ㅎ야其職을辭ㅎ니二十三
日에　大君主계셔優批를下ㅎ사不許ㅎ시고宮內官으로傳諭ㅎ시다

官　報　第二十二號　開國五百四年四月二十四日　土曜　內閣記
錄局官報課

　　　　　　叙任及辭令

免本官　　　　　　　　　　　　釜山港警務官朴琪淙

任釜山港警務官　　　　　　　　　　總巡李敬佑

　　　　　以上四月二十三日

　　　彙報

　　　○官廳事項

玉果縣監任弘準三月二十七日에到任홈

　　　○雜事

四月二十二日自卯時至酉時灑雨測雨器水深二寸三分

四月二十二日自人定至二十三日開東灑雨下雨測雨器水深六分

官　報　第二十三號　開國五百四年四月二十六日　　月曜　內閣記錄局官報課

　　　　　　　　辭令

　　　　　　　　　　　　中樞院一等議官閔泳煥

　　　　　　　　　　　　中樞院一等議官尹用求

依領免本官

　　　　四月二十三日

命軍部大臣署理　　　　　　　　　　軍部協辦權在衡

　　　　四月二十四日

官　報　第二十四號　開國五百四年四月二十七日　　火曜　內閣記錄局官報課

　　　　　　勅令

朕이各地方에監獄署를置ᄒᆞᄂᆞᆫ件을裁可ᄒᆞ야頒布케하노라

大君主　御押　御璽

　開國五百四年四月十六日

　　　　　　　內閣總理大臣金弘集

　　　　　　　內部大臣　　朴泳孝

勅令第八十二號

各地方에監獄署를置ᄒ고其獄舍ᄂ從來所有獄舍로 充홈

叙任

任內部主事叙判任官六等　　　　　　李元圭

四月二十六日

彙報

○官廳事項

求禮縣監李鳳相三月二十九日에到任홈

○雜事

四月二十五日夜自四更至二十六日開東灑雨下雨測雨器水深三分

官　報　號外　開國五百四年四月二十七日

命內閣總理大臣署理　　　　　內部大臣朴泳孝

官　報　第二十五號　開國五百四年四月二十八日　水曜　內閣記
錄局官報課

部令

度支部令第一號

文武官俸給細則을左갓티定홈

開國五百四年四月二十四日度支部大臣漁允中

文武官俸給支給細則

第一條　文武官의俸給은左의定日을依ᄒ야給ᄒ미可홈

然이나若其定日이休日을當ᄒ거든次日로順延홈

每月二十六日　外部及其所管에屬ᄒᄂ官衙

同　　　　　　　　　　內部及其所管에屬ᄒᄂ官衙

同　　　　　　　　　　度支部及其所管에屬ᄒᄂ官衙

每月二十七日　　　軍部及其所管에屬ᄒᄂ官衙

同　　　　　　　　　　法部及其所管에屬ᄒᄂ官衙

同　　　　　　　　　　學部及其所管에屬ᄒᄂ官衙

同　　　　　　　　　　農商工部及其所管에屬ᄒᄂ官衙

第二條　俸給을領受ᄒᄂ各員은所管大臣의許可를得ᄒ야總代人을定ᄒ야每月俸給의支出을請求ᄒ고領受케ᄒ기를得홈

前項總代人의官姓名은所管大臣으로셔豫先度支部에게通知ᄒ미可홈

第三條　退官者의俸給並非職者在職中의俸給은第一條의定日을拘치아니ᄒ고各其非職에命홈되ᄂ時及退官ᄒᄂ時에支給홈

第四條　官等俸給第十三條에를依ᄒ야俸給年額을十二에分ᄒ야[閏月잇ᄂ歲에ᄂ十三에分홈]零數가生ᄒ거든元位에止ᄒ고支給ᄒ미可홈然이나其排朔의零ᄒᄂ差額은其年最終에支給ᄒᄂ時에合給홈

新任轉任增俸及減俸等排日計筭은其月에行ᄒ고翌月로붓터前項을準ᄒ야支給홈

排日計筭ᄒᄂ法은其月의現日數를據홈

第五條　俸給을支給ᄒᄂ時를當ᄒ야計筭上에分位[卽三里]未滿零數가生ᄒᄂ時에ᄂ分位에止홈

第六條　俸給零數ᄒᄂ總代人이俸給支給定日前에別紙式樣第一號갓티俸給請求書를製ᄒ야俸給領收者의證印을求ᄒ야支出을請求

ᄒ미可홈

第七條　出給命令官이俸給支出原簿를備ᄒ야俸給支出ᄒᄂ請求가

有ᄒᄂ時마다其原簿를照ᄒ야當否를調査ᄒ미可홈

第八條　俸給의出給命令副書에ᄂ請求書謄本을添付ᄒ미可홈

第九條　俸給領收ᄒᄂ總代人이俸給을各員에게交付ᄒᄂ時에ᄂ別

紙式樣第二號갓티俸給領收書를製ᄒ야俸給領收者의證印을求ᄒ

미可홈

前項의領收書ᄂ出給命令官에게提出ᄒ기를要홈

別紙第一第二號式樣本令에略호믄別로度支部에셔各部로移送홈

彙報

○官廳事項

欽差駐劄日本署理辦理公使金思純去月에回國을請ᄒ　準許ᄒ고隨

員韓永員을駐劄日本公使館事務署理를任홈

○

欽差駐劄日本署理辦理公使金思純今月二十五日入來홈

○

駐劄美國署理辦理公使李玄稙去三月에身病으로回國을請ᄒ　準許

ᄒ고飜譯官補朴溶奎로駐劄美國公使館事務署理를任홈

○

本月十五日楊州牧使赴任홀時에警務廳으로셔總巡一員巡檢十人

을派送ᄒ더라

官　報　第二十六號　開國五百四年四月二十九日　木曜　內閣記

錄局官報課

勅令

朕이陸軍將校分限令을裁可호야頒布케호노라

大君主　御押　御璽

開國五百四年四月二十七日

內閣總理大臣署理

內部大臣朴泳孝

軍部大臣署理權在衡

勅令第八十三號

陸軍將校分限令

第一條　將校는身을終토록其官을保有호고制服을着호야其官에對
호는禮遇를享호니此를將校의分限이라홈

第二條　將校는如左　事項의一에因호지아니호연其分限을失호는
事가無홈

一　本人의請願을許准호야其官을免호는時

二　王國臣民된分限을失호는時

三　入牢以上의刑에處홈되는時

四　武官된本分에　依호야免官되는時

第三條　將校의位置를分호는事는左와如홈

一　現役

二　豫備

三　後備

四　退役

第四條　現役은現今軍務를奉호는者와修學命을受호者와休職及停
職에在의호는者일를云에홈

休職은左項의一에因호셔一時職務가無　者

一 解隊

二 廢職

三 定員改正

四 滿期解任

五 로된者가歸着ᄒ야他員이自己를代ᄒ야其職에在

六 特別 職務를終ᄒ고又修學滿期호 就職命이無 者

七 傷痍疾病이六個月에至ᄒ도록尙且快復 氣色이無 時

但本人의請願或職務에因ᄒ야代任을要ᄒᄂ時ᄂ六個月을待ᄒᄂ

限이無홈

八 本人의請願에因ᄒ야修學을許准ᄒᄂ時

九 軍部內의文官에任ᄒᄂ時

停職은其行爲가懲戒홀만■事가有ᄒ고其情狀이稍輕ᄒ야在職又或

就職을停ᄒ믈當■者를云홈

但停職은一個年後아니면就職ᄒᄂ事를得지못홈

第五條　豫備ᄂ年限滿期에至ᄒ니안코左項의一에因ᄒ야現役을退

ᄒᄂ者로홈

一 恩給令에因ᄒ야旨諭ᄒ고現役을退ᄒᄂ時

二 休職에入ᄒ야四年이過ᄒ야도職에就치못ᄒᄂ時

但第四條第八第九項의境遇를除홈

三 停職에入ᄒ야二個年을過ᄒ야도職에就치못 時

四 軍部外의文官에專任ᄒᄂ時

第六條　後備ᄂ年齡滿期에至ᄒ야現役을退■者와豫備滿期에至■

者를云홈

但豫備後備의服役年限은別로追定홈

第七條　退役은後備滿期에至■者와又傷痍疾病으로永久服役에堪

忍치못ᄒ고現役과豫備와後備를退■者를云홈

第八條　豫備後備ᄂ有事際召集에應ᄒᄂ者로홈

第九條　本令은將校上等官에도適用홈

　　　　○

朕이軍人現役定限年齡條規를裁可ᄒ야頒布케ᄒ노라

大君主　御押　御璽

　開國五百四年四月二十七日

　　　　　　　　　　內閣總理大臣署理

　　　　　　　　　　　內部大臣朴泳孝

　　　　　　　　　　軍部大臣署理權在衡

勅令八十四號

軍人現役定限年齡條規

第一條　軍人이左에揭ᄒᄂ定限年齡에達ᄒᄂ時ᄂ現役을退ᄒ미可홈

大將은定限■年齡이無홈

副將은	滿七十歲
叅將은	滿六十五歲
正領副領叅領은	滿五十四歲
正尉ᄂ	滿四十八歲
副尉叅尉下士官은	滿四十五歲

第二條　軍人定限의年齡에達■者라도他人으로■代ᄒ지못ᄒᄂ職
에在　時ᄂ　留任을命ᄒᄂ事가有ᄒ미可홈

第三條　軍人定限의年齡에達치못ᄒ야도現役十一年以上으로現役
을堪忍치못ᄒᄂ時ᄂ將官은上諭에因ᄒ고上長官士官은軍部大臣
이旨諭ᄒ야現役을退ᄒ게ᄒᄂ事가有ᄒ미可홈

第四條　本令은將校上等官에도適用홈

　　豫筭外支出

喬桐府에監獄署를設置ᄒᄂᆫ經費八百三十九元八十二錢豫筭外支出ᄒᄂᆫ件은上奏하야裁可ᄒᄉ시믈經홈

　　叙任及辭令

依願免本官　　　　　農商工部主事金永燦

任法部主事叙判任官六等　　　　金永燦

任法部主事叙判任官八等　　　　李曾九

　　　　以上四月二十八日

　　宮廷錄事

大院君尊奉儀節條目은今月二十三日에上裁ᄒᄉ시믈奉하야左갓티定홈

一　轎子ᄂᆫ八人으로低擔홈

二　褙ᄂᆫ龜形으로홈

三　品帶ᄂᆫ靑鞓紫瑪瑚로홈

四　蕉扇은日傘으로代ᄒ■白質靑邊으로홈

五　府大夫人品帶ᄂᆫ靑鞓紫瑪瑚로홈

六　前後各門에橫杠木을設홈

七　大門에總巡巡檢으로輪回入直ᄒ게홈

八　大小臣民이勅命外ᄂᆫ敢히私謁치못ᄒ게홈

九　各國公使等官이敬禮를致코져ᄒᄂᆫ時에ᄂᆫ可히外部로照會하야宮內府外事課로셔轉通하야先導通辦ᄒ게홈

十　出入ᄒ시ᄂᆫ時에ᄂᆫ宮內府에先通하야宮內官員으로하야곰陪從케ᄒ고　入直ᄒᄂᆫ總巡巡檢도警衛케홈

　　　　○

宮內府大臣署理協辦金宗漢이上疏ᄒᆞ야其職을辭ᄒᆞ니今月二十七日에　大君主陛下게셔當此更張之時不可遞解卿其勿辭行公ᄒᆞ라ᄒᆞ시다

　　　　○官廳事項

駐劄美國署理大臣李玄稙今月二十七日에入來홈

　　　　○

楊州牧使李斗璜이가今月二十四日에到任홈

官　報　號外　開國五百四年四月二十九日

　　　宮廷錄事

宮內大臣再次上疏에不許ᄒᆞ시다

宮內大臣李載冕上疏大槩荐控情病之實冀蒙允兪之音事

開國五百四年四月二十八日奉

旨省疏具悉卿懇愼節奉慮其間所遭非徒朕之洞悉無餘天日孔昭昨之批已悉朕心腹之喩矣卿或尙有未盡諒會而又此荐煩歟朕之賴卿卿之輔朕奚但以處地情理而然特而卿國耳公耳斷斷忠愛可質神明也卿勿更辭以副朕至意事遣宮內郞傳諭

官　報　第二十七號　開國五百四年五月一日　金曜　內閣記錄局官報課

　　　　勅令

朕이警務廳管制를裁可ᄒᆞ야頒布케ᄒᆞ노라

大君主　御押　御璽

開國五百四年四月二十九日

　　　　　　　　內閣總理大臣署理內部大臣朴泳孝

勅令第八十五號

警務廳官制

第一條　警務廳에左開ᄒᆞᄂᆞᆫ職員을置홈

警務使一人	勅任
警務官十二人以下	奏任
主事八人以下	判任
監獄署長一人	判任
總巡三十人以下	判任
監獄書記二人以下	判任
看守長二人以下	判任

第二條　警務使ᄂᆞᆫ內部大臣의指揮監督을受ᄒᆞ야專혀漢城府五部의警務消防及監獄의事務ᄅᆞᆯ總轄홈

第三條　警務使ᄂᆞᆫ各部主務에關ᄒᆞᄂᆞᆫ警察에當ᄒᆞ야各部大臣의指揮ᄅᆞᆯ承홈

第四條　警務使ᄂᆞᆫ■部內警察事務에對ᄒᆞ야其職權若特別■委任에由ᄒᆞ야法律命令에範圍內에셔管內에廳令을發ᄒᆞᄆᆞᆯ得ᄒᆞ니但漢城府尹이所管ᄒᆞᄂᆞᆫ事務에交涉ᄒᆞᄂᆞᆫ者ᄂᆞᆫ該府尹과協議連署ᄒᆞ야發令홈

第五條　警務使ᄂᆞᆫ其主務에對ᄒᆞ야管內의邑洞長을指揮監督홈

第六條　警務使ᄂᆞᆫ所屬官吏ᄅᆞᆯ統督ᄒᆞ니奏任及判任官의進退及懲戒ᄂᆞᆫ內部大臣에具申ᄒᆞ고巡檢及看守其他雇員은專行홈

第七條　警務使ᄂᆞᆫ內部大臣의認可ᄅᆞᆯ得ᄒᆞ야廳中處務及巡檢看守의懲戒細則을設ᄒᆞᄆᆞᆯ得홈

第八條　警務使ᄂ廳務의須要에依ᄒ야ᄂ豫筭定額內에셔醫師技術師等을臨時雇入ᄒ믈得홈

第九條　警務使가事故잇ᄂ時ᄂ總務局長이其事務ᄅ代理홈

第十條　警務廳에警務使官方을置ᄒ야二課로分ᄒ야其事務ᄅ掌케ᄒ미左와如홈

第一課

一　制規定例에關ᄒᄂ事項

二　官印廳印의管守에關ᄒᄂ事項

三　官吏의進退及身分에關ᄒᄂ事項

四　文書의接受發送編纂保存에關ᄒᄂ事項

五　統計報告及圖書保管에關ᄒᄂ事項

六　巡檢採用에關ᄒᄂ事項

七　警察官吏의敎習에關ᄒᄂ事項

第二課

一　經費豫筭及金錢出納에關ᄒᄂ事項

二　需用物品의調度及土地建物에關ᄒᄂ事項

三　官沒及保管의　金錢物品及不用品에關ᄒᄂ事項

第十一條　警務使官房兩課長은奏任五等以下의警務官으로　充홈

第十二條　警務廳에總務局을置ᄒ니其主管ᄒᄂ事務ᄂ左와如홈

一　行政警察에關ᄒᄂ事項

二　司法警察에關ᄒᄂ事項

三　政事及風俗에關ᄒᄂ出版物並集會結社에關ᄒᄂ事項

四　外國人에關ᄒᄂ事項

五　無籍無賴의徒及變死傷其他公共安寧에關ᄒᄂ事項

六　失踪者瘋癲者不良子弟棄兒迷兒及戶口民籍에關ᄒᄂ事項

七　遺失物埋藏物에關ᄒᄂᆞᆫ事項

八　營業及風俗警察에關ᄒᄂᆞᆫ事項

九　銃砲火藥刀劍等의管査에關ᄒᄂᆞᆫ事項

十　水火消防에關ᄒᄂᆞᆫ事項

十一　道路警察에關ᄒᄂᆞᆫ事項

十二　衛生警察에關ᄒᄂᆞᆫ事項

第十三條　警務局長은奏任三等以上의警務官으로 充흠

第十四條　局長及課長은警務使의命을受ᄒ야各主管의事務ᄅᆞᆯ掌理
ᄒ야部下官吏ᄅᆞᆯ監督흠

局員課員은上官의指揮ᄅᆞᆯ承ᄒ야其事務에從事흠

第十五條　警務使官房에監督三員以下ᄅᆞᆯ置ᄒ야奏任五等以下의警
務官으로 充흠

監督은警務使의命을承ᄒ야管內警察의事務ᄅᆞᆯ巡視監督흠

第十六條　監督은內部大臣의命을承ᄒ야各地方의警察事務ᄅᆞᆯ視察흠

第十七條　宮內警務署外에漢城府五部字內에五警務署ᄅᆞᆯ置ᄒ니其
管轄區域은別로定흠

第十八條　警務署長은奏任六等警務官으로■充ᄒ니上官의指揮ᄅᆞᆯ
承ᄒ야其署의事務ᄅᆞᆯ掌理ᄒ고所屬官吏ᄅᆞᆯ監督흠

警務署長이事故잇ᄂᆞᆫ時ᄂᆞᆫ其署의上席總巡이其事務ᄅᆞᆯ代理흠

總巡은上官의指揮ᄅᆞᆯ承ᄒ야其署事務에從事ᄒ고巡檢을指揮監督흠

第十九條　監獄署의事務ᄂᆞᆫ左와如흠

一　在監人의出入名簿願訴給與品投入物及所持貨物에關ᄒᄂᆞᆫ事項

二　在監人의作業에關ᄒᄂᆞᆫ事項

三　在監人의戒護書信及接見에關ᄒᄂᆞᆫ事項

四　在監人의行狀及賞罰에關ᄒᄂᆞᆫ事項

五　文書의編纂保存及統計에關ᄒᆞᄂᆞᆫ事項

第二十條　監獄署長은上官의指揮를承■야監獄에關ᄒᆞᄂᆞᆫ事務를掌理ᄒᆞ고所屬官吏를監督홈

監獄署長이事故잇ᄂᆞᆫ時ᄂᆞᆫ上席監獄書記가其事를代理홈

第二十一條　監獄署書記ᄂᆞᆫ上官의指揮를承ᄒᆞ야其署庶務에從事홈

看守長은上官의指揮를承ᄒᆞ야看守以下를指揮監督홈

第二十二條　巡檢看守에關ᄒᆞᄂᆞᆫ規程은別로定홈

　　　附則

此規則은開國五百四年五月一日로施行홈

　　　叙任及辭令

任漢城裁判所檢事叙奏任관六等　　法部主事李度翼

免訓練第二大隊附　　　　　　　正尉李敏宏

免訓練第一大隊附　　　　　　　副尉申羽均

　　　以上四月二十七日

任軍部主事叙判任官七等　　　　金鳳鉉

任法部主事叙判任官六等　　　　趙泳鎬

免本官　　　　　　　　　軍部主事李鳳魯

　　　以上四月二十八日

　　　彙報

　　　○官廳事項

平市署의職掌과文簿ᄂᆞᆫ官制更新■後로商業과度量衡의事務를農商工部에셔掌ᄒᆞᆷ믈依ᄒᆞ야平市署의職掌과文簿와鎰升鎰尺을送交ᄒᆞᄂᆞᆫ件을四月二十六日에上奏ᄒᆞ야　裁可ᄒᆞ시믈經홈

　　　○警察

現在에兵備가寡弱ᄒᆞ■警務廳巡檢에게洋鎗을頒給ᄒᆞ야擊射ᄒᆞ기를

肄習케ᄒᆞᄂᆞᆫ件을四月二十七日에上奏ᄒᆞ야■裁可ᄒᆞ시믈經홈

　　　　○軍事

訓練第三大隊를平壤地方에置ᄒᆞᄂᆞᆫ件을四月二十七日에上奏ᄒᆞ야■
裁可ᄒᆞ시믈經홈

官　報　第二十八號　開國五百四年五月二日　土曜　內閣記錄局
官報課

朕이　懲役處斷例에關ᄒᆞᄂᆞᆫ件을裁可ᄒᆞ야頒布케ᄒᆞ노라

大君主　御押　御璽

開國五百四年四月二十九日

　　　　　　　　內閣總理大臣署理內部大臣朴泳孝

　　　　　　　法部大臣　　　　　　　徐光範

法律第六號

　懲役處斷例

第一條　通常犯罪에科ᄒᆞᆯ만■流刑을懲役으로換ᄒᆞ야左表에從ᄒᆞ야
處斷홈

徒流	懲役
流終身	終身
流十五年	十五年
流十年	十年
徒三年	三年
徒二年半	二年六個月
徒二年	二年
徒一年半	二年六個月

徒一年　　　　　　　　一年

第二條　國事에關ᄒᆞᆫ犯罪ᄂᆞᆫ流刑을存ᄒᆞ고徒刑을懲役으로換ᄒᆞ야 就役을면홈

　　　　　　　附則

此法律은頒布ᄒᆞᆫ日로붓터施行홈

　　　　　　○

朕이監營　守管及其他地方裁判의上訴ᄅᆞᆯ高等裁判所에셔受理審判 ᄒᆞᆫ件을　裁可ᄒᆞ야頒布케ᄒᆞ노라

大君主　御押　御璽

開國五百四年四月二十九日

　　　　　　內閣總理大臣署理內部大臣朴泳孝

　　　　　　法部大臣　　　　　　徐光範

法律第七號

監營　守營及其他地方에셔ᄒᆞᆫ裁判에不服█上訴ᄂᆞᆫ巡廻裁判을開 始ᄒᆞᆯ지總合高等裁判所에셔受理審判홈

　　　　　　附則

此法律은頒布ᄒᆞᆫ日로붓터施行홈

　　　　　部令

法部令第三號

民刑訴訟에關ᄒᆞᆫ規程은左와如ᄒᆞ졔定홈

開國五百四年四月二十九日法部大臣徐光範

民刑訴訟에關ᄒᆞᆫ規程

　　第一章　民事

　　　第一欵　始審裁判所

第一條　原告人又被告人이定ᄒᆞᄂᆞᆫ訴狀又答書ᄂᆞᆫ左의案에準ᄒᆞ야作ᄒᆞ미可홈

　　　　　　　訴狀
　　　　　　　　住址
　　　　　　　　　原告　　　　　　　職業
　　　　　　　　　　　　　　　　　　姓名
　　　　　　　　　住址　　　　　　　年齒
　　　　　　　　　被告　　　　　　　職業
　　　　　　　　　　　　　　　　　　姓名

　　　　　　　　　訴求
被告ᄂᆞᆫ原告에對ᄒᆞ야貸錢本邊을合ᄒᆞ야備ᄒᆞᆯ사와並此訴訟의費用을償報ᄒᆞᆯ만 旨의裁判ᄒᆞᄆᆞᆯ請願홈
　　　　　　　　　事實
原告ᄂᆞᆫ미리被告에게邊若干을約ᄒᆞ야█錢若干을貸與ᄒᆞ야시나被告ᄂᆞᆫ其期限이經過ᄒᆞ야도備報치아니ᄒᆞ니其事實은債券에徵照ᄒᆞ야明홈
證據物은別로添付홈
開國　年　月　日
　　　　　　原告　姓名　印
某某裁判所長姓名座下

　　　　　　　訴答
　　　　　　　　住址　　　　　　　職業
　　　　　　　　　原告　　　　　　姓名

　　　住址　　　　　職業
　　　　被告　　　　姓名
　　　　　　　　　　年齒

　　　訴答의要旨

被告는原告의訴求이應홀만■者아니니訴訟費用은原告로붓터辦償
ᄒ미可ᄒ다고裁判ᄒᆯ請願홈

　　　　事實

原告는被告에게債錢을備報치아니ᄒ야■云ᄒ야도被告는曾其債用
事가無ᄒ고從ᄒ야被告로셔는毫라도備報ᄒᆯ怠■事가無ᄒ니其事實
은證據에徵ᄒ야明白홈

證據物은別로添付홈

開國　年　月　日

　　　　原告　姓名　印

某某裁判所長姓名座下

第二條　未成年은節二十歲以下니護後人이有■境遇에는護後人이
오護後人이無 境遇에는親戚中成年■者로代訴ᄒ게ᄒ미可홈

第三條　訴訟人은自己가ᄒᆯ得짓못ᄒᄂᆫ境遇에는裁判所의許可ᄅᆯ
得■後其訴訟을代人에게委託ᄒᄂᆫ事ᄅᆯ得홈但代人에게는委任狀을
交付ᄒ미可홈

第四條　代人委任狀은左의案에準ᄒ야作ᄒ미可홈

　　　委任書

住址職業姓名으로代人이라고定홈何某에對ᄒ야訴訟에付ᄒ야某
裁判所에셔代理處辦ᄒᆯ事ᄅᆯ委任홈

開國　年　月　日

姓名　印

第五條　訴訟人은裁判所의許可를得ᄒ야輔佐人을同伴ᄒᄂ事를得홈

第六條　訴訟費用은本人代人又證人等의出頭日費와及裁判所에呈
■書類認料雜費用을落訟者가勝訴者에게支辦ᄒ미可홈

第七條　訴訟은訴廷의陳述辨論ᄒ기前에訴狀答書外에畵面으로自
己의主張을明瞭케ᄒ고證據書類를呈ᄒᄂ事를得홈

第八條　凡書類ᄂ淨書ᄒ야二通을作ᄒ고塗抹改竄■箇所에ᄂ押印
ᄒ미可홈

第九條　答書ᄂ訴訟提出■日로十五日以內에呈ᄒ게ᄒ미可홈

第十條　裁判所에셔訴訟人證人鑑定人等을召喚ᄒᄂ時ᄂ必召喚狀
領收ᄒᄆ로出頭時刻■지二十四時間以上間隙이有ᄒ미可홈

第十一條　訴廷에셔ᄂ訴訟人證人其他者의陳供■要領과其他事件
에必要 事項의筆記 記錄을作ᄒ야當該判事書記가記名ᄒ고押印ᄒ
미可홈

第十二條　訴訟事件은受理의順序에從ᄒ야番號를付ᄒ고其順序로
붓터審判ᄒ미可홈

第十三條　判決은結審■後에곳行홀거시으又期日을定ᄒ야此를行
ᄒᄂ事를得홈이나結審ᄒᄆ로붓터七日을過ᄒ미可치아니홈

第十四條　判決書ᄂ左의案에準ᄒ야作ᄒ미可홈

開國　年第何號

　判決書

　　　住址　　　　　職業

　　　　原告　　　　姓名

　　　住址　　　　　職業

　　　　被告　　　　姓名

　　　　判決의 要旨

被告는原告訴求에應ᄒ야債錢을辦償ᄒ미可홈原告訴求에應ᄒ만
ᄒ理由가無홈 訴訟費用은原告 被告의擔當홈

　　　　　理由

原告被告의主張은債券證據에依ᄒ야其正直█줄을認홈차에對ᄒ야
原告의訴答被告의陳供은某然故로正當이라고ᄒ며가치아니ᄒ니
因ᄒ야原告의訴求被告의訴答은其理由가有홈

開國　年　月　日

　　裁判所印　　　某某裁判所判事姓名[官印]

　　　　　　　　　　[會審判事　數名有ᄒ는時에
는連署]

　　　　　　　　　書記　姓名[官印]

第十五條　訴訟人判決書의謄本은欲홀時에는規費를納ᄒ야此를請
求ᄒ고又或許可를得ᄒ야謄寫ᄒ는事를得홈

第十六條　訴訟人判決을執行코져ᄒ는時에는其事件管轄되는裁判
所에請求ᄒ야執行命令書를受ᄒ미可홈

第十七條　裁判所는執行命令書를出給ᄒ는時에廷吏에게命ᄒ야執
行을完了ᄒ게ᄒ미可홈

第十八條　執行命令書는左의案에準ᄒ야昨호█此를判決書에添綴
ᄒ고裁判所印으로契印ᄒ미可홈

　　　　執行命令書
　　　　原告姓名對被告姓名某某의訴訟

右別書判決의█로執行홀事를命홈

開國　年　月　日

　某某裁判所判事姓名[官印]

[會審判事　數名有ᄒᆞᄂᆞᆫ時에ᄂᆞᆫ連署]

書記　姓名[官印]

第十九條　此規程의定■期間은裁判所와本人居住와距離ᄅᆞᆯ應ᄒᆞ야海陸路八十里로一日式伸長홈

第二十條　上訴ᄂᆞᆫ原告人又被告人이此ᄅᆞᆯ行ᄒᆞᄆᆞᆯ得홈

第二十一條　上訴期間은判決잇ᄂᆞᆫ日로붓터十五日以內로홈
巡廻裁判所에對ᄒᆞᄂᆞᆫ訴ᄂᆞᆫ其管轄되ᄂᆞᆫ巡廻裁判開廷이無■時에限ᄒᆞ야上訴期間을經過ᄒᆞ야도此ᄅᆞᆯ行ᄒᆞᄂᆞᆫ事ᄅᆞᆯ得홈然이나此의開廷後十日을經過ᄒᆞ믄得지못홈

第二十二條　上訴의期間中과아올나上訴잇ᄂᆞᆫ時에ᄂᆞᆫ其上訴ᄅᆞᆯ完了ᄒᆞ기 지判決의執行을停止홈

第二十三條　上訴ᄅᆞᆯ行ᄒᆞᄂᆞᆫ上訴의旨意ᄅᆞᆯ記述■上訴裝을上訴裁判所에呈ᄒᆞ미可홈

第二十四條　上訴裁判所ᄂᆞᆫ原裁判所에照會ᄒᆞ야訴訟記錄을送致ᄒᆞ라고求ᄒᆞᄂᆞᆫ事ᄅᆞᆯ得홈

第二十五條　第一欵의規程과牴觸치아니ᄒᆞᄂᆞᆫ者ᄂᆞᆫ準用홈

　　　第二章　刑事

　　　　第一欵　初告裁判所

第二十六條　公訴狀은左의案에準ᄒᆞ야檢事가此ᄅᆞᆯ作ᄒᆞ미可홈

　　　　公訴狀

　　　　住址　　　等分　　職業

　　　　被告人　　　姓名

　　　　　　　　　年齒

右記者何年何月何日何處에셔某某件을盜取■其事實은被告의陳供과告訴人의告訴並押收■某某의物件에由ᄒᆞ야明홈此ᄅᆞᆯ法에照ᄒᆞ니

盜罪로某某刑에處홀만자라仍ᄒ야玆에公訴를提起홈

開國　年　月　日

　　　　　　某某裁判所檢事姓名

某某裁判所長姓名座下

第二十七條　告訴ᄂ被告者가ᄒ며告發은官吏又被害者以外者가ᄒ
ᄆᄂ니其狀은左의案에準ᄒ야作ᄒᄆ미可홈若狀을作홀　이無ᄒ거ᄂ或
作ᄒ기能치못홀時에ᄂ■出頭로ᄒᆞ믈得홈

　　　　　告訴狀

　　　　　　住址　　　　　職業

　　　　　　告訴人　　　姓名

　　　　　　住址　　　　　職業

　　　　　　被告人　　　姓名

被告ᄂ何年何月何日何處에셔告訴人所有某某件을盜取ᄒ야시니
其行爲가法을犯■者로思量홈仍ᄒ야玆에告訴홈

證據物件은別로添付홈

開國　年　月　日

　　　　　告訴人姓名　印

某某裁判所檢事姓名座下

　　　　　告訴狀

　　　　　　住址　　　　　職業

　　　　　　被告人姓名

右被告姓名은何年何月何日何處에셔姓名所有某某件을盜取ᄒ야
시믈發見　事實은盜取物件과其他某某에徵ᄒ야明白ᄒ여야事犯法
이라仍ᄒ야玆에告發홈

　開國　年　月　日

　　　　　　　　住址　　　等分

　　　　　　　　　　告發人　姓名　印

　　　　　　　　某某裁判所檢事姓名座下

第二十八條　私訴狀은被告者로셔左의案에準ᄒ야二件을作ᄒ야呈ᄒ미可홈

　　　　　　　　私訴狀

　　　　　　　被害者　　　　　　姓名

　　　　　　　被告　　　　　　　姓名

被告는何年何月何日何處에셔姓名所有某某件을盜取█事는公訴와其他某某事實로明白홈此故로告訴人이幾許의損害를受ᄒ야시니此를辦償ᄒ미可ᄒ기로裁判ᄒ기를請願홈

　開國　年　月　日

　　　　　　　住址　　　職業

　　　　　　　被告者　　　姓名 [印]

　　　　　　　某某裁判所檢事姓名座下구

第二十九條　檢事는告訴告發을受ᄒ야犯罪調査上에有罪로思料ᄒ는時에는公訴狀을作ᄒ고證據物을添付ᄒ야當該裁判所에向ᄒ야審判을請求ᄒ미可홈

第三十條　裁判所는公訴로붓터犯罪審判의請求를受ᄒ는時에는其被告事件의番號를付ᄒ야其順次를從ᄒ야公判을開ᄒ고審判ᄒ미可홈

第三十一條　公判을開ᄒ는時에檢事와並被告人에게其時日을通報達示ᄒ미可홈

第三十二條　公判庭에셔는裁判長或判事는먼져被告人의姓名과年齒等分職業住址生長地를一切備問ᄒ미可홈

檢事ᄂ被告事件을陳述ᄒ야證據ᄅ提出ᄒ고此法律의適用에付ᄒ
야意見을　述ᄒᄆ可홈

第三十三條　公訴의辯論이了■後에被害者ᄂ被害事實을證明ᄒᄆ
可ᄒ고被告人은此ᄅ答辯ᄒᄂ事ᄅ得홈

第三十四條　裁判長又判事ᄂ被告事件犯罪의證據가足홀時에ᄂ法
律에照ᄒ야刑罰을適用ᄒ고有罪의宣告ᄅᄒᄆ可홈又被告事件犯罪
의證據가足지못ᄒ거나或罪가될만■거시아닌時에ᄂ無罪ᄅ宣告ᄒ
ᄆ可홈然이나被告人이人監ᄒ신則並ᄒ야放免ᄒᄆᄅ宣告ᄒᄆ可홈

第三十五條　判決은結審■後에直行ᄒ거나或期日을定ᄒ야行ᄒᄆ
可홈然이나結審ᄒᄆ로븟터七日을過ᄒᄆ可치아니홈

第三十六條　書記ᄂ公判庭에셔檢事被告人證人其他者의陳供ᄒᄂ
大要와及被告事件의必要■■事項을筆記ᄒ야記錄ᄒᄆ可홈此記錄
에ᄂ當該判事와書記가名을記ᄒ고押印홈

第三十七條　判決宣告書ᄂ左의案에準ᄒ야當該判事가此ᄅ作ᄒᄆ
可홈

　　　判決宣告書
　　　　住址　　　　　　職業
　　　　　　　　　　　姓名
　　　　　　　　　　　年齒

右姓名에對ᄒᄂ某某事件은檢事의公訴에由ᄒ야此ᄅ審理ᄒᄆ被
告ᄂ何年何月何日何處에셔某某事被告의陳供其他某某에由ᄒ야
明白ᄒ야셔某某의罪에該當홈此ᄅ被告의陳供其他某某에徵ᄒ야
도證據足지못홈仍ᄒ야某某法에照ᄒ야被告ᄅ某某의　刑에處홈無
罪放免홈押收■物件은所有者被告人에還給홈

被告ᄂ此宣告에對ᄒ야三日內에上訴ᄒᄂ事ᄅ得홈가

開國　年　月　日檢事姓名立會宣告

　　　　　　　某某裁判所判事姓名[官印]

　　　　　　　　　[會審判事數名有ᄒᆞᆫ時에ᄂᆞᆫ連署]

　　　　　書記姓名　　　[官印]

第三十八條　檢事ᄂᆞᆫ死刑을除ᄒᆞᄂᆞᆫ外에上訴期間이經過■後에곳刑
罰의執行을命ᄒᆞ야此에立會ᄒᆞ미可홈又裁判所書記ᄂᆞᆫ其執行始末
書ᄅᆞᆯ作ᄒᆞ미可홈

　　第二欵　上訴裁判所

第三十九條　上訴ᄂᆞᆫ檢事와被告와又被害者로셔此ᄅᆞᆯ行ᄒᆞᄂᆞᆫ事得ᄅᆞᆯ
홈

第四十條　上訴ᄅᆞᆯ行ᄒᆞᄂᆞᆫ者ᄂᆞᆫ左開案의上訴書ᄅᆞᆯ原裁判所에呈ᄒᆞ미
可홈

　　　　　　上訴書

何年何月何日被告姓名에對ᄒᆞᄂᆞᆫ某某事件의宣告ᄒᆞᆫ믄未妥當■思量
으로上訴홈

開國　年　月　日檢事 被害者 被告人姓名[印] 拇印

　　　某某裁判所長姓名座下

第四十二條　原裁判所ᄂᆞᆫ上訴잇ᄂᆞᆫ時에ᄂᆞᆫ上訴와함■記錄ᄒᆞ믈上訴
裁判所에　送達ᄒᆞ미可홈

上訴가巡廻裁判所에屬■時에ᄂᆞᆫ其管轄의巡廻裁判所次의開庭을俟
ᄒᆞ야此ᄅᆞᆯ送達ᄒᆞ미可홈

第四十三條　上訴가理由가有ᄒᆞ다고決ᄒᆞᄂᆞᆫ時에ᄂᆞᆫ原判決을取消ᄒᆞ
고다시　適當■判決을爲ᄒᆞ야無罪■時에ᄂᆞᆫ無罪ᄅᆞᆯ宣告ᄒᆞ고或無罪
放免을宣告ᄒᆞ며　又上訴의理由가無ᄒᆞ야고決ᄒᆞ면上訴ᄅᆞᆯ却下ᄒᆞ고
加ᄒᆞ야原裁判所檢事에通牒ᄒᆞ야刑을執行ᄒᆞᄂᆞᆫ手續을ᄒᆞ게ᄒᆞ미可홈

第四十四條　本款規定外에本章第一款의規定에牴觸ㅎ지아니ㅎᄂ
者와及第一章第一款十五十九二十二條ᄅᆞ準用홈

　　　　　　叙任

任農商工部主事叙判任官八等　　　　　　　尹庚圭

　　　　　五月一日

官　報　號外　開國五百四年五月二日

　　　　　宮廷錄事

宮內府大臣李載冕上疏大槩苳控情病之實冀蒙允兪之音事

開國五百四年四月二十八日奉

旨省疏具悉卿懇愼節奉慮日昨之批已罄朕心矣卿或尙有未盡諒會

而又此苳煩歟朕之賴卿卿之輔朕奚但以處地情理而然特以卿之忠

愛不與他等卿勿更辭以副朕至意事遣宮內郎傳諭

　　　官報四月二十九日號外宮庭錄事欄內에宮內大臣上疏■批答中

報告에　錯誤■處가有ᄒ다謂ᄒ야宮內府로셔訂正ᄒᆞᆯ請ᄒᄂ故로

다시本號에訂正ᄒ야揭載홈

　　　　　叙任及辭令

　　　　　　　　　　中樞院二等議官三品李根敎

任漢城裁判所判事叙奏任官六等

任法部檢事局長叙奏任官三等　　　　　　三品申載永

　　　　　　　　　學部學務局長李應翼

　　　　　　　　　學部編輯局長李庚稙

兼任學部叅書官

　　　　　　　　　　高原郡守趙鍾禹

黃磵縣監宋昌老

依願免本官

安東府使李喜元　　　東萊府使鄭寅學

聞鏡府使金禎根　　　靑松府使申觀朝

伊川府使金寓根　　　醴泉郡守趙　夏

禮安縣監李膺稙　　　公州判官朴宣陽

大邱判官池錫永　　　全州判官申永休

海州判官申在億　　　原州判官李承泌

咸興判官朱雲煥　　　鏡城判官李榮健

平壤庶尹徐丙洙　　　水原判官李載觀

春川判官宋萬燮　　江華判官丁學敎

免本官

任安東府使　　　　　　　金奭中

任東萊府使　　　　　　三品池錫永

任聞鏡府使　　　　　　九品申喆熙

任靑松府使　　　　　　三品南惟熙

任醴泉郡守　　　　　　三品柳寅衡

任禮安縣監　　　　　　　安世中

任咸興判官　　　　　　三品李起泓

任公州判官　　　　　　三品韓澤履

任大邱判官　　　　　　五品丁學敎

任全州判官　　　　　　六品權豊植

任海州判官　　　　　　三品南孝源

任原州判官　　　　　　三品李宗稙

任平壤庶尹　　　　　　五品徐九淳

任水原判官　　　　　　　　　六品鄭喬

任春川判官　　　　　　　　　四品李台珽

任江華判官　　　　　　　　　六品洪鍾

　　　以上四月二十九日

官　報　第二十九號　開國五百四年五月四日　月曜　內閣記錄局
官報課

　　　　叙任及辭令

任農商工部技手叙判任官四等　　　　　　　　金南軾

　　　　洪鍾檍　韓宗翊　李鼎來

任農商工部技手叙判任官五等

　　　　徐相晢　尙　　徐相旭　李鍾瀅　姜璨熙

　　　　尹滋容　白潤德　權輔仁

任農商工部技手叙判任官六等

　　　　以上四月一日

　　　　叅領申載永　　　全羅兵使徐丙懋

　　　　慶州營將鄭弘基

依願免本官

　　　四月二十九日

　　　彙報

　　　○官廳事項

警務廳은今月一日에漢城府로移接ᄒ고漢城府ᄂ同日에前軍器寺
로移接홈

　　　○

忠淸監司朴齊純이가素患痰癖이近尤添肆ᄒ야公州判官朴宣陽으
로假都事를差定ᄒ야公務를看檢케ᄒ니內部大臣게셔使卽視務ᄒ
기로閣議에請議■後上奏ᄒ야■裁可ᄒ믈經홈

○

農商工部主事孫永吉李允杲鄭憙煥과仁川港書記官金彰漢과見習
生丁克慶劉堂金祥演蔡亨默李泰中을日本博覽會에游覽을爲ᄒ야
本月一日에派往홈

○司法

禮山縣監南宮濮이가獄囚供招에出ᄒ야情跡이可疑ᄒ기로該道에
發關ᄒ야派員押上ᄒ야究訊勘律을上裁ᄒ시믈經홈

○

伊川府使金金寯根이가居官에貪虐이甚ᄒ야該邑人民이內部에來
訴ᄒ기로査實則確據가有■지라官員懲戒令에依하야爲先免官ᄒ고
法部로拿勘을上裁ᄒ시믈經홈

官 報 第三十號 開國五百四年五月五日 火曜 內閣記錄局官
報課

宮廷錄事

本月四日에朴台熙로勅使삼아綏陵에馳往ᄒ야忌辰祭監祭ᄒ고局
內諸■陵에一體奉審以來ᄒ라命ᄒ심

彙報

○官廳事項

前駐津監理李冕相과從事官徐相喬가今月三日에回來홈

官　報　號外　開國五百四年五月五日

四月二十七日에內閣總理大臣金弘集이上疏ᄒᆞ야辭職을請ᄒᆞ니今

月五日에其請을依ᄒᆞ야勉副ᄒᆞ시다批答은此下에恭錄홈

省疏具悉卿於輔相之任每不欲久據朕已窺之深矣今制度新定浮文盡

祛朕固知卿之此疏與昔日循例之章有異朕亦不復以言辭張皇茲將總

理之銜姑爲勉副卿須體斟禮待之至意勿以釋負爲快就閒爲喜如朕有

懇于卿卿亦隨時蹶起勿相支離是所豫望也此　批答遣侍從傳諭

官　報　第三十一號　開國五百四年五月六日　水曜　內閣記錄局

官報課

　　　　　　　　辭令

　　　　　　　　　　　　　　警務使

李允用

大院君尊奉儀節에關ᄒᆞᄂᆞᆫ事項을注意치아니ᄒᆞ야常例를盡치못ᄒᆞ

게되기ᄂᆞᆫ失宜ᄒᆞ미라是로以ᄒᆞ야譴責홈

　　　　　　[四月二十八日內部]

　　　　彙報

　　　○官廳事項

楚山府使權用哲이四月二日에到任홈

　　　　　○司法

柳東根이가橫城縣監在任時에犯贓　罪로四月二十七日에自現就囚

홈

官　報　第三十二號　開國五百四年五月七日　木曜　內閣記錄局官報課

叙任及辭令

依願免本官　　　　　　　　　　　　　　內閣總理大臣金弘集

任法部主事叙判任官八等　　　　　　　　　　　　　崔俊植

任內部技手叙判任官六等　　　　　　　　　　　　　沈宜碩

兼任漢城師範學校長　　　　　　　　　學部僉書官李應翼

　　　　　　　　　　　　　　　　　師範學校教授九品鄭

雲欐

任漢城師範學校教官叙奏任官六等

依願免本官　　　　　　　　　　　　　平山兵使權瀅鎮

免訓練第二大隊附　　　　　　　　　　　　正尉李敏宏

免訓練第一大隊附　　　　　　　　　　　　副尉申羽均

命停職　　　　　　　　　　　　　　　　　僉尉朴齊範

任僉領　　　　　　　　　　　　　　　　　六品李道徹

　　　　　　　　三品高靑龍　僉尉李敏宏

任正尉

　　　　　　　九品申懃均　四品趙能顯　九品具然孝

　　　　　　　四品李承麟　九品閔泳宰　三品宋憲晃

　　　　　　　九品安泰承　　韓鳳錫

任僉尉

任軍司叙奏任官四等　　　　　　　　　　　三品李雲宰

任副尉　　　　　　　　　　訓練第一大隊附僉尉金興烈

任僉尉　　　　　　　　　　訓練第一大隊附正校尹錫禹

補訓練第三大隊大隊長　　　　　　　　　僉領李道徹

正尉高靑龍　正尉李敏宏

補訓練第三大隊中隊長

補訓練第三大隊副官　　　　　　　　　　　副尉申羽均

　　　　叅尉申愁均　叅尉趙能顯　叅尉具然孝

　　　　叅尉李承麟　叅尉閔泳宰　叅尉宋憲晃

　　　　叅尉安泰承

補訓練第三大隊附

補訓練第三大隊餉官　　　　　　　　　　　軍司李雲宰

補訓練第二大隊附　　　　　　　　　　　　副尉金有植

補訓練第二大隊附　　　　　　　　　　　　叅尉韓鳳錫

補軍部軍務局外國課長補　　　　　　　　　叅尉林炳吉

　　　　　　豫筭外支出

軍部顧問官飜譯官家舍價金三百三十四元四十九錢豫筭外支出ᄒᄂ

件을上奏ᄒ야 裁可ᄒ시믈經홈

　　　　　以上五月五日

　　　　　彙報

　　　　○官廳事項

仁同府使徐廷厚가四月二十二日에到任홈

　　　　　○司法

肇慶廟前令朴鳳來笞二十私罪收贖

官　報　第三十三號　開國五百四年五月八日　金曜　內閣記錄局

官報課

　　　　　叙任

兼任漢城師範學校書記　　　　　　　　　學部主事李弼均

　　　　彙報

　　　○官廳事項

三水府使柳完秀가三月二十七日에到任홈

官　報　號外　開國五百四年五月八日

　　　　　叙任及辭令

解內閣總理大臣署理　　　　　　　　　　內部大臣朴泳孝

任內閣總理大臣叙勅任官一等　　　　　　學部大臣朴定陽

官　報　第三十四號　開國五百四年五月九日　土曜　內閣記錄局
官報課

　　　　　叙任及辭令

任漢城師範學校副敎官叙判任官五等　　　　　　韓義容

　　　　　朴之陽　崔廷德　韓明敎

任漢城師範學校敎員叙判任官六等

　　　　以上四月二十七日

免本官　　　　　　　　　　　　　　　警務廳總巡金敎炯

任警務廳總巡叙判任官六等　　　　　　　　　李守鳳

　　　　以上五月七日

　　　　彙報

　　　○官廳事項

橫城縣監具然昭는四月二十四日에到任ᄒ고麟蹄縣監權溶鎭은四

月二十三日에到任ㅎ고金溝縣令吳鼎善은三月二十日에到任홈

　　　　　正誤

五月二日號外叙任欄內에聞慶府使[九品申喆熙]는[六品]의誤요平
壤庶尹[五品徐九淳]은[四品]의誤라

官　報　第三十五號　開國五百四年五月十一日　月曜　內閣記錄
局官報課

　　　　　勅令

朕이公文式의改定을裁可ㅎ야頒布케ㅎ노라

大君主　御押　御璽

開國五百四年五月八日

　　　　　　　　內閣總理大臣署理內務大臣朴泳孝

　　　　　　外部大臣　　　　　　金允植

　　　　　　內部大臣　　　　　　朴泳孝

　　　　　　度支部大臣　　　　　魚允中

　　　　　　軍部大臣署理　　　　權在衡

　　　　　　法部大臣　　　　　　徐光範

　　　　　　學部大臣　　　　　　朴定陽

　　　　　　農商工部大臣　　　　金嘉鎭

勅令第八十六號

　公文式

　　　　第一章　頒布式

第一條　法律勅令은上諭로　斑布홈

第二條　法律勅令은內閣에셔草를起ㅎ며又或各部大臣으로셔案을

具ㅎ야內閣에提出ㅎ야內閣會議決定■後內閣總理大臣及主任大臣
으로셔上奏ㅎ야裁可ㅎ시믈請홈

第三條　法律勅令은裁可ㅎ시믈奏請ㅎ기전에內閣으로셔中樞院에
諮詢ㅎ미가ㅎ니但事가急施를要ㅎ야諮詢홀暇가無■者는此限에在
치아니홈

第四條　法律勅令은親署ㅎ신後御璽를鈐ㅎ고內閣總理大臣이年月
日을記入ㅎ야有涉大臣과함■副署홈

第五條　內閣總理大臣及各部大臣은法律勅令範限內에셔其職權又
其特別委任에依ㅎ야法律勅令을執行ㅎ며又安寧의秩序를保持ㅎ
기爲ㅎ야閣令及副令을發ㅎ믈得홈

第六條　閣令은內閣總理大臣이發ㅎ고部令은各部大臣이發홈

第七條　閣令은年月日을記入ㅎ고內閣總理大臣이名을署홈

部令은年月日을記入ㅎ고主任大臣이名을署홈

第八條　內閣總理大臣及各部大臣으로셔其所管官吏及其監督에屬
ㅎ는官吏에게達ㅎ는訓令도亦第七條의例에依홈

第九條　法律命令은다國文으로本을삼고漢譯을附ㅎ며或國漢文을
混用홈

　　　第二章　布告

第十條　凡法律命令은官報로頒布ㅎ니其頒布日로붓터滿三十을經
過ㅎ는時는遵守ㅎ미可■者로홈

各部大臣의發ㅎ는部令은官報로■頒布ㅎ면셔同時에舊慣을從ㅎ야
適當　處所에揭示ㅎ미亦可홈

第十一條　法律命令中施行期日은特揭■者並規定事項의性質上頒
布當日로붓터施行ㅎ미可■者의施行期日은前條第一項의例에在치
아니홈

第三章　印璽

第十二條　國璽及御璽ᄂᆫ宮內대신이官藏홈

第十三條　法律勅令은親署ᄒ신後御璽ᄅᆯ鈐홈

第十四條　國書條約批准書外國派遣官吏委任狀王國在留各國領事証認狀은親書ᄒ신後國璽ᄅᆯ鈐홈

　　　　附則

第十六條　본령은開國五百四年五月　日로붓터施行홈

第十七條　警務廳令의頒布에關ᄒ야ᄂᆫ施行ᄒ기得ᄒᄂᆫ範限內에셔本令第一章及第二章의規程을準用홈

第十八條　地方官廳의發ᄒᄂᆫ命令의頒布式은別로定홈

　　　　○

朕이武藝廳處分에關ᄒᄂᆫ件을裁可ᄒ야頒布케ᄒ노라

大君主　御押　御璽

開國五百四年五月八日

　　　　　內閣總理大臣署理內務大臣朴泳孝

　　　　　軍部大臣署理　　　　　權在衡

勅令第八十七號

武藝廳에　監督官一人을置ᄒ야軍部內의領尉官一人으로ᄒ야곰兼케홈

監督官은軍部大臣의指揮ᄅᆯ承ᄒ야廳中一切事項을掌理ᄒ고各廳員을監督홈

　　　　豫筭外支出

漢城府經費ᄅᆯ地方官制改定前限二個月俸給金五百二十七元八十錢을豫備金中支出ᄒᄂᆫ件을上奏ᄒ야裁可ᄒ시ᄆᆯ經홈

　　　　○

法國人尹沙勿의顧恤金一百元을豫備金中支出ᄒᆞᄂᆞᆫ件을上奏ᄒᆞ야裁可ᄒᆞ시믈經홈

叙任及辭令

任內部叅書官叙奏任官六等 三品李寅榮

免本官 椒島僉使吳台泳

以上五月八日

彙報

○官廳事項

濟州判官李時英은正月十四日에到任ᄒᆞ고旌義縣監金膺柄은正月十日에到任ᄒᆞ고大靜縣監蔡龜錫은正月十五日에到任홈

○

椒島僉使吳台泳은軍器ᄅᆞᆯ東徒에게見奪ᄒᆞ고文蹟도燒燼되야시니疎忽ᄒᆞ미極ᄒᆞ다ᄒᆞ오니官員懲戒令에依ᄒᆞ야免官ᄒᆞ더라

官 報 第三十六號 開國五百四年五月六日 火曜 內閣記錄局官報課

昭勅

朕惟開國五百三年十一月十二日에

宗社에誓告ᄒᆞ야從來淸國의關涉을割斷ᄒᆞ고我大朝鮮國의固有 獨立基礎ᄅᆞᆯ 確定ᄒᆞ며又玆馬關條約을由ᄒᆞ야더욱世界에表彰ᄒᆞᄂᆞᆫ빗흘添ᄒᆞ니

朕이臣民과樂을同ᄒᆞ야今으로붓터我國의榮譽ᄅᆞᆯ祝ᄒᆞ기爲ᄒᆞ야適當 方法을設ᄒᆞᄂᆞᆫ事로

朕이諸大臣에게命ᄒᆞ미니

朕이臣民은能히

朕의意ᄅᆞᆯ體ᄒᆞ야永久히獨立ᄒᆞᄂᆞᆫ實績을紀念ᄒᆞ야朕의國을爲ᄒᆞᄂᆞᆫ
懇篤　情意에副케ᄒᆞ라若夫例年의獨立慶日을定ᄒᆞ야永久我國의一
大慶節을삼아

朕이　臣民과함祝賀ᄒᆞᄂᆞᆫ規法은

朕이다시朕意ᄅᆞᆯ臣民에게諭告ᄒᆞ리라

　開國五百四年五月十日

　　　　　　內閣總理大臣朴定陽奉

　　　　　　勅令

朕이外國語學校官制ᄅᆞᆯ裁可ᄒᆞ야頒布케ᄒᆞ노라

大君主　御押　御璽

開國五百四年五月十日

　　　　　　內閣總理大臣署理內務大臣朴泳孝

　　　　　　學部大臣

勅令第八十八號

　　外國語學校官制

第一條　外國語學校ᄂᆞᆫ生徒ᄅᆞᆯ廣募ᄒᆞ야諸外國의語學을敎授ᄒᆞᄂᆞᆫ處
로홈

第二條　外國語學校에셔敎授ᄒᆞ미可ᄒᆞᄂᆞᆫ外國語의種類ᄂᆞᆫ時宜에依
ᄒᆞ야學部大臣이定홈

第三條　學部大臣은必須에應ᄒᆞ야外國語學校의支校ᄅᆞᆯ地方에置ᄒᆞ
ᄆᆞᆯ得홈

第四條　外國語學校에左開ᄒᆞᄂᆞᆫ職員을置홈

學校長一人　　　　　　奏任

教官四人以下	奏任及判任
副教官五人以下	判任
書記三人以下	判任

第五條　學校長은學部大臣의命을承ᄒ야校務를掌理ᄒ야所屬직원을監督홈

第六條　教官은生徒의敎授를掌ᄒ고副教官은教官의職務를輔佐홈

第七條　書記ᄂ上官의命을承ᄒ야庶務會計에從事홈

第八條　支校를置ᄒᄂ時ᄂ每支校에左開ᄒᄂ職員을置홈

支校長一人	奏任及判任
教官四人以下	奏任及判任
副教官三人以下	判任
書記二人以下	判任

第九條　支校職員의　職務ᄂ第五條第六條第七條와同홈

第十條　學校長及書記ᄂ學部奏判任官으로支校長及書記ᄂ地方官員으로兼任케ᄒ믈得홈

第十一條　教官及副教官은或外國人을雇用ᄒ야充ᄒ믈得ᄒ니其員數ᄂ學部大臣이必須에應ᄒ야從宜ᄒ야定홈

但雇外國人의待遇ᄂ教官은奏任副教官은判任으로定홈

　　　　　　　○

朕이外國語學校職員의官等俸給에關ᄒᄂ件을裁可ᄒ야頒布케ᄒ노라

大君主　御押　御璽

開國五百四年五月十日

　　　　　　內閣總理大臣署理內務大臣朴泳孝

　　　　　　學部大臣

勅令第八十八號

外國語學校及支校職員의官等俸給은開國五百四年四月十九日에
勅令第八十號漢城師範學校職員官等俸給에依홈

　　　　　　　豫筭外支出

外部顧問官雇員의月給二千四百五十元을豫備金中支出ᄒᆞᄂᆞᆫ件을
上奏ᄒᆞ야裁可ᄒᆞ시믈經홈

　　　　　　　叙任及辭令

任副將　　　　　　　　　　　　　　　從一品申箕善

任軍部大臣叙勅任官一等　　　　　　副將申箕善

任學部大臣叙勅任官一等　　　　　　外部協辦李完用

　　　　　　內部協辦李鳴善　　　學部協辦高永喜

依願免本官

任內部協辦叙勅任官三等　　　　　　內閣總書兪吉濬

任內閣總書叙勅任官三等　　　　　　軍部協辦權在衡

　　　　　　　　　　　　　　　　　從二品高永喜

任特命全權公使叙勅任官三等命駐劄日本

　　　　　　　　　　內閣總理大臣秘書官尹致昊

任學部協辦叙勅任官三等

任外部協辦叙勅任官三等　　　　　　九品徐載弼

任軍部協辦叙勅任官三等　　　　　　軍部監督李周會

依願免本大臣官房長　　　軍部大臣官房長副領鄭蘭敎

任叅令　　　　　　　　　　　　　　六品李康夏

補軍部大臣官房長補　　　　　　　　叅領李康夏

依願免本官　　　　　　　　　　忠州營將朴基仁

　　　　　以上五月十日

宮廷錄事

五月八日에　大君主陛下게셔新任地方官安東府使金奭中東萊府使
池錫永聞慶府使申喆熙靑松府使南惟熙珍島府使李璵平壤庶尹徐
九淳水原判官鄭喬春川判官李台珽江華判官洪錘萱公州判官韓澤
履海州判官南孝源原州判官李宗稙禮安縣監安世中을特別히引見
ᄒ시고歉荒과兵亂을經　地方에人民의疾苦를爲ᄒᄉ懇切히戒訓ᄒ
시더라

○

本月十日에朴台熙로勅使삼아睿陵에馳往ᄒ야忌辰祭監祭ᄒ고局
內諸　陵에一體奉審以來ᄒ라命ᄒ심

彙報

○雜事

五月十日自開東至酉時灑雨下雨測雨器水深三分
五月十日自一更至五更灑雨下雨測雨器水深五分

正誤

官報第三十五號勅令第一行[改定]은[改正]의誤植
同公文式第十六條五月下에[十三]의三字을脫落이라

官報　第三十七號　開國五百四年五月十三日　水曜　內閣記錄局官報課

叙任及辭令

依願免本官　　　　　　　　　　　　外部主事李康夏

任外部主事叙判任官六等　　　　　　　　　魚益善

以上五月十日

解軍部大臣署理　　　　　　　　　　　前軍部協辦權在衡

命軍部大臣署理　　　　　　　　　　　軍部協辦李周會

　　　　　　朴鍾夏　　李承玉　　片永基

任度支部主事叙判任官二等

　　　　　　李命稙　　李益壽　　李圭一

任度支部主事叙判任官五等

任度支部主事叙判任官八等　　　　　　　　　　　文台源

　　　　以上五月十一日

　　　　　　　　　　　　　　　　官報課金吉鍊

官報頒布ᄒᄂ文字를審愼치아니ᄒ야脱落ᄒᄂ件이有ᄒ기至ᄒ니

職務上에注意치못 過失이되난지라是로以ᄒ야譴責홈

　　　　　　　[五月十二日內閣]

　　　　彙報

　　　○司法

閔炯植이가統制使在任時에犯贓 罪로五月九日에自現就囚홈

官　報　第三十八號　開國五百四年五月十四日　木曜　內閣記錄

局官報課

　　　　　　部令

度支部令第二號

各部大臣이設備ᄒ미가歲出豫筭簿歲出簿及出給命令官이設備ᄒ

ᄂ出給命令簿의式樣並設備準則을支出條規第二十九條에依ᄒ야

別冊과갓티定홈

開國五百四年五月十一日度支部魚允中

歲出豫筭簿歲出簿及出給命令歲出簿及出給命令簿
設備準則

第一條　各部大臣은別紙式樣第一號와갓티歲出豫筭簿를設備ᄒ야
歲出의豫筭定額目別豫筭額及出給豫筭額을登記ᄒ미可홈

第二條　各部大臣은別紙式樣第二號와갓티歲出簿를設備ᄒ야歲出
의豫筭額及出給命令額等을登記ᄒ미可홈

第三條　出給命令官은別紙式樣第三號와갓티出給命令簿를設備ᄒ
야歲出의豫筭額出給命令額等을登記ᄒ미可홈

第四條　出給命令을委任치아닌各部大臣은第二條를據ᄒ야設備ᄒ
미可ᄒ 歲出簿를省略케ᄒ기를得홈

第五條　帳簿內에ᄂ一個年度를通ᄒ야使用ᄒ므로張數를槪筭ᄒ야
不足지안케豫히注意ᄒ미可홈

第六條　帳簿ᄂ반다시記入ᄒᄂ者를定ᄒ야記帳을擔掌ᄒ게ᄒ미可홈

第七條　帳簿에誤記脫字가有ᄒ거든朱線으로抹去ᄒ고改描塗抹及
糊貼等ᄒ기ᄂ得지못홈又帳簿에豫히紙數를表記ᄒ미可ᄒ되何等
事由가有ᄒ든지增減ᄒ기를許치못홈

　　　　　[別紙式樣은別로度支部로셔送付홈]

　　　　　　豫筭外支出

漢城府帳籍移運費四十元을豫筭外支出ᄒᄂ件을上奏ᄒ야■裁可ᄒ
시믈經홈

　　　　　　　　○

仁港民李威顯移塚費四百元을豫筭外支出ᄒᄂ件을上奏ᄒ야■裁可
ᄒ시믈經홈

　　　　　辭令

　　　　　　　　度支部叅書官徐相勛

度支部財務官金時濟

依願免本官

　　　　以上五月十二日

　　　　彙報
　　　　○官廳事項

本月十日에

勅旨를降ㅎ사園遊會를開設ㅎ야國家의今日太平과從來淸國의干
涉을斥絕ㅎ믈賀喜케ㅎㅂ신바園遊會處所는東闕演慶堂이오日期
는本月十四日下雨二時로定ㅎ야各大臣摠代委員長農商工部大臣
金嘉鎭이宴席을準備ㅎ고內外紳商을█速홈

　　　　　○軍事

第一第二訓練隊兵이本月十五日夜에軍部門前에셔運動夜演홈

官　報　號外　開國五百四年五月十四日
　　　　宮廷錄事

本月十四日東闕後苑에園遊會를開設ㅎ고內外國貴顯紳商을招待
홀█宮內大臣署理金宗漢을命ㅎ사左開█勅語를下賜ㅎ시다

勅語

朕이惟컨█今日園遊嘉會의天氣가晴美█데我政府與各國使臣及士
商으로　가지讌樂ㅎ니此는진실노世界上의和平█福이라朕이甚히
欣悅ㅎ야特別히宮內署理大臣金宗漢을命ㅎ야朕의意를宣케ㅎ노
니濟濟嘉賓은朕의意를반갑게領悉ㅎ기를바라노라

　　開國五百四年五月十四日

官 報 第三十九號　開國五百四年五月十五日　金曜　內閣記錄局官報課

彙報

○官廳事項

穩城府使閔致驥가四月十日에到任ᄒ고慶興府使金禹鉉이가四月二十六日에身死홈

正誤

第四號收入條規第一條第一項[翌年度收入]은[歲入]의誤植

同第五條[租稅의徵稅]ᄂ[徵收]의誤植

同十一條[自擔]은[負擔]의誤植

官 報 第四十號　開國五百四年五月十六日　土曜　內閣記錄局官報課

彙報

○官廳事項

長興府使李敎奭은二月二十四日에到任ᄒ고義興縣監金學模ᄂ四月二十九日에到任홈